ISBN 978-3-9519871-0-1

Kochen und Reisen

RENE
WUNDERL

Kochen und Reisen

Dieses Kochbuch ist das Ergebnis aus Reisen der späten 1980er Jahre bis 2020.
Der Schwerpunkt liegt bei einer Zusammenstellung von Gerichten des Mittelmeerraums, hauptsächlich Italien, Kroatien, Spanien und Griechenland.
Aus einem Aufenthalt im Nahen Osten von 1989 bis 1990 resultieren auch Rezepte aus Israel, Syrien und dem Libanon.
In Regionen wie Sizilien und Spanien entdeckte ich Einflüsse der afrikanischen Küche, die ich punktuell in mein Kochbuch einfließen ließ.

Fand ich auf meinen Touren ein interessantes Gericht, so versuchte ich dem Koch die jeweiligen Zutaten und Feinheiten herauszulocken, recherchierte danach oder wagte mich mit eigenen Interpretationen an diese heran.

Meine Rezeptsammlung in diesem Buch umfasst einerseits klassische Gerichte, die zur traditionellen mediterranen Küche gehören und andererseits Speisen, die nicht so bekannt sind und oft nur abseits der Touristenströme am Speiseplan stehen. Aber auch große Speisenkompositionen, die gut auf Festtagstafeln passen, sind darunter.

Meine Kocherfahrung eignete ich mir in mehr als 30 Jahren an. Auf meinen Reisen kaufe ich auf lokalen Märkten ein und lege Wert auf frische Produkte und authentische Gewürze. Wer das in seiner Küche berücksichtigt, wird immer mit einer geschmacklichen Vielfalt belohnt werden.

In diesem Buch lasse ich meinen Gedanken freien Lauf, um die Leser an den Eindrücken und Empfindungen, die mir beim Anblick der jeweiligen Bilder in den Sinn kommen, teilhaben zu lassen. Ich hoffe, dass meine Essays Lust aufs Reisen machen und vielleicht auch ein wenig zum Nachdenken anregen.
Auf den Fotos finden Sie die genauen Koordinaten des Standortes, wo diese aufgenommen wurden. Wenn Sie sich die Zeit nehmen und im Internet danach suchen, finden Sie möglicherweise neue Ziele für Ihren nächsten Urlaub.

Ich wünsche Ihnen viel Freude beim Durchblättern und vielleicht bekommen Sie Lust und holen sich den Geschmack der Ferne in Ihre Küche.

Ihr Kochbuchautor
Rene Wunderl

Trabucco (San Nicola Italien)

Solche Konstruktionen aus Holzpfählen, Seilen und Netzen, die in der Region Apulien zu finden sind, wurden von Bauern entlang der Küsten errichtet, um Fische aus dem Wasser zu hieven. Der Geschichte nach, wurde das erste Trabucco im 14. Jahrhundert erbaut.

41°56'51.7"N
016°01'48.9"E

Vorspeisen

Antipasti

Apéritifs

Aperitivos

Orektiká

Predjela

Mezeler

Almuqbilat

Vegetarische Vorspeisen

Tomatensauce mit Kräutern und Feta
Gegrillte oder marinierte Melanzani mit Knoblauch, Kräutern und Balsamico

Zutaten Tomatensauce für 4 Personen

- 2 große reife Tomaten
- 250 g Tomaten aus der Dose
- 1 Prise Zucker
- ¼ l Gemüsebrühe
- ½ Zwiebel
- 2 Knoblauchzehen
- 2 EL Kräuter: Thymian, Rosmarin, Salbei, Petersilie etc.
- 150 g Griechischer Salzlaken-Käse Feta
- Salz, Pfeffer
- Olivenöl zum Anbraten

Zutaten Melanzani gegrillt oder mariniert für 4 Personen

- 1 mittelgroße Melanzani
- 3 Knoblauchzehen
- ½ Bund Petersilie
- Salz, Pfeffer
- 125 ml Balsamico (leicht süß)
- Rapsöl oder Sonnenblumenöl zum Anbraten
- 125 ml Olivenöl

Tipp:
Diese Gerichte können kalt oder warm serviert werden. Vor dem Servieren mit Olivenöl beträufeln und mit Kräutern garnieren.

Zubereitung Tomatensauce

1. Feingehackte Zwiebel und Knoblauch in Olivenöl glasig dünsten, mit Weißwein ablöschen und mit Gemüsebrühe angießen.
2. Die reifen Tomaten grob würfelig schneiden und dazugeben. Salzen, pfeffern und mit einer Prise Zucker abschmecken. 5 Minuten köcheln lassen.
3. Thymian, Salbei (nur ein kleines Blatt), Rosmarin und Petersilie fein hacken und unterrühren.
4. Nun alles in eine feuerfeste Form gießen.
5. Den Feta in grobe Würfel schneiden und über die Sauce streuen.
6. Bei 180° 10 Minuten im Backrohr backen.
7. Zum Schluss mit der Grillfunktion des Backofens bei 250° den Käse kurz gratinieren bis er goldbraun ist.

Zubereitung gegrillte Melanzani

1. Die Melanzani der Länge nach teilen und an der Innenseite bis zur Schale einschneiden (über Kreuz entsteht ein schönes Muster).

2. Knoblauch, Petersilie und den Balsamico mit Olivenöl vermengen, salzen und pfeffern.

3. Die eingeschnittene Fläche der Melanzani ebenfalls salzen und pfeffern und Rapsöl in die Schnitte einmassieren.

4. Eine Pfanne oder das Backrohr stark erhitzen und die Melanzani auf der eingeschnittenen Seite kräftig anbraten.

5. Nun die Mischung aus Knoblauch, Petersilie, Balsamico und Olivenöl in die Schnitte der angebratenen Oberfläche einmassieren, nochmals kurz übergrillen.

6. Die Hitze reduzieren und so lange bei mäßiger Hitze braten, bis das Fruchtfleisch der Melanzani butterweich ist.

Zubereitung marinierte Melanzani

1. Die Melanzani in Scheiben schneiden.

2. Die Scheiben beidseits stark salzen, mit Küchenpapier bedecken und ca. 40 Minuten Wasser ziehen lassen.

3. Danach das Küchenpapier entfernen und das überschüssige Salz mit einem Messer abschaben.

4. Pflanzenöl stark erhitzen und die Melanzanischeiben auf beiden Seiten scharf anbraten, bis diese ordentlich Farbe nehmen.

5. Auf einem Küchenpapier abtropfen und auskühlen lassen, salzen und pfeffern.

6. Nun die Mischung aus Knoblauch, Petersilie, Balsamico und Olivenöl auf den gebratenen, in eine Form geschichteten Melanzanischeiben verteilen und kalt stellen.

Am besten schmeckt's am nächsten Tag, wenn die Marinade richtig in das Fruchtfleisch der Melanzani eingezogen ist.

Mediterrane Sommersuppen

Duett von geeister Tomatensuppe und Gazpacho

Zutaten Tomatensuppe
für 4 Personen

- Fruchtfleisch von ½ kg Tomaten (ohne Haut)
- 1 EL Tomatenmark
- 250 g Tomaten aus der Dose
- ¼ l Gemüsefond kalt
- Olivenöl
- weißer Balsamico
- 1 Schalotte fein gehackt
- 1-2 Knoblauchzehen fein gehackt
- 2 EL Kräuter: Petersilie, Rosmarin, Thymian, Oregano, Basilikum
- Salz, Pfeffer, Zucker
- Olivenöl zum Anbraten

Zutaten Gazpacho
für 4 Personen

- ¼ kg Tomaten oder Tomaten aus der Dose
- 1 Schalotte
- 1-2 Knoblauchzehen
- 150 g Semmelbrösel
- ½ Gurke
- ½ grüner Paprika
- ⅛ l heißes Wasser
- ⅛ l Olivenöl
- 1 EL weißer Balsamico
- 1 TL Sojasauce
- Salz, Pfeffer, Zucker
- Paprikapulver

Tipp:
Dieses Rezept bietet sich besonders an heißen Sommertagen an.
Der frische, kühle Gemüsekick bringt müde Geister wieder in Schwung.

Reichen Sie dazu Weißbrot und einen halbtrockenen Weißwein.

Zubereitung

1. ***Für die Tomatensuppe*** Schalotten, Knoblauch und Tomatenmark in Olivenöl anbraten und mit einem Schuss weißem Balsamico ablöschen.
2. Die Tomatenstücke und Dosen-Tomaten hinzugeben und kurz mit viel Hitze kochen lassen.
3. Mit dem kalten Gemüsefond den Garvorgang stoppen.
4. Die Kräuter dazugeben und im Mixglas pürieren. Mit Salz, Pfeffer, Zucker und Balsamico abschmecken und mit etwas Olivenöl eindicken, dann kalt stellen.

1. ***Für die Gazpacho*** die Semmelbrösel in kaltem Wasser und Balsamico einweichen.
2. Von den Tomaten (mit Haut) nur den grünen Strunk entfernen und dann, wie die Gurke und den Paprika, klein schneiden. Einige Stücke vom Gemüse für die Garnierung zur Seite legen.
3. Nun die eingeweichten Semmelbrösel ausdrücken, mit den Gemüsewürfeln und dem heißen Wasser im Mixglas pürieren. Nach und nach Olivenöl zufügen, bis eine sämige, hellrote Suppe entsteht.
4. Mit Salz, Pfeffer, Zucker, Balsamico und Sojasauce abschmecken.
5. Nun beide Suppen stark abkühlen lassen. Am besten über Nacht in den Kühlschrank stellen. Ist diese Zeit nicht gegeben, ab damit in den Gefrierschrank - nach etwa 30 Minuten sollten die Suppen kalt genug sein.
6. Vor dem Servieren das Weißbrot in dicke Scheiben schneiden und in einer Pfanne beidseits in Olivenöl anrösten.
7. Nun die beiden Suppen gleichzeitig mit Sorgfalt in einen Teller gießen, sodass sie sich nicht vermischen. Mit den Gemüsestücken und Kräutern garnieren.

Ziegenkäse in Panade auf Ratatouille

Mit feiner Averna-Honig-Senfnote

Zutaten
für 2 Personen

- 125 g Ziegenkäse
- je ½ Paprika rot und gelb
- ½ Melanzani
- ½ Zucchini
- ½ Lauchzwiebel in Ringe geschnitten
- 1 Knoblauchzehe
- 1 Ei, Mehl und Brösel für die Panade
- 1 EL Averna (sizilianischer Bitterlikör)
- 1 EL Honig
- 1 TL Senf
- weißer und dunkler Balsamico
- Salz, Pfeffer, Chiliflocken
- etwas Zitronensaft
- Rapsöl, Olivenöl
- Cherrytomaten zum Garnieren

Tipp:
Versuchen Sie die süße Sauce nach Ihrem Geschmack abzustimmen z. B. mit Holundersirup, oder, wer es etwas würziger mag, kann auch Ingwer dazugeben.

Reichen Sie dazu Weißbrot und einen trockenen Weißwein.

Zubereitung

1. Die Melanzani in Längsstreifen schneiden, beidseits kräftig salzen und ca. 30 Minuten Wasser ziehen lassen (mit Küchenpapier zwischendurch mehrmals abtupfen).

2. Danach Melanzani, Zucchini und Paprika würfelig schneiden und jedes Gemüse separat nacheinander in Olivenöl kurz scharf anbraten. Anschließend wieder separat in Küchenpapier einschlagen, und somit das überschüssige Öl entfernen, danach auskühlen lassen.

3. Zubereitung der Marinaden
   Für die **Melanzani:** 1 EL dunklen Balsamico, 1 TL Olivenöl und 1 EL Honig vermengen, salzen und pfeffern.

4. Für die **Zucchini:** 1 EL Averna kurz erhitzen, damit sich der Alkohol verflüchtigt, 1 EL Olivenöl dazugeben, salzen und pfeffern.

5. Für den **Paprika:** 1 EL weißen Balsamico, 1 EL Olivenöl, Knoblauch und die Hälfte der Lauchringe vermengen, etwas Zitronensaft dazugeben, salzen, pfeffern und mit Chiliflocken beliebig schärfen.

6. Für die süße **Sauce zum Ziegenkäse**: 1 TL Senf, 1 EL Honig und 1 EL Olivenöl vermengen.

7. Nun den Ziegenkäse in Spalten schneiden, panieren und in sehr heißem Rapsöl, damit der Käse während des Bratens nicht austritt, kurz schwimmend goldbraun frittieren.

8. Das abgekühlte Gemüse, wie abgebildet, anrichten und mit der jeweiligen Marinade beträufeln.

9. Die Ziegenkäsestücke daraufsetzen, mit den Cherrytomaten, Lauchringen und Kräutern garnieren und mit Senf/Honigsauce beträufeln.

Garnelen/Scampi

Gegrillte/gebratene Scampi mit Knoblauch

Zutaten
für 2 Personen
- 250 g Scampi
- 2 Knoblauchzehen
- Rapsöl zum Anbraten
- Salz, Pfeffer
- Olivenöl
- Zitronenscheiben zum Garnieren

Tipp:
Die Scampi können warm oder kalt serviert werden.

Zubereitung

1. Die Schale der Scampi auf der Rückenseite einschneiden und den Darm entfernen.

2. Bei der gebratenen Variante, die Scampi in Rapsöl kurz scharf anbraten, dann die Hitze reduzieren.

3. Die feingehackten Knoblauchzehen und etwas Olivenöl dazugeben.
   Bei der gegrillten Variante die Garnelen vorher in Olivenöl, mit feingehacktem Knoblauch, marinieren und dann auf dem Grill garen.

4. Bei beiden Varianten erst zum Schluss salzen und pfeffern, mit einer Zitronenscheibe garnieren.

Leonidi, Limani Plaka (Griechenland)

Ich saß in dieser kleinen Taverne im Hafen von Plaka und ließ die Seele baumeln.

Der Hafen war so lieblich und ruhig, das Wasser so klar. Und dort lag es, das kleine, bunte Fischerboot, das mir noch heute, wenn ich dieses Bild sehe, den Duft des gegrillten Fisches und den erfrischenden Geschmack des Weines in den Sinn ruft…

37°08'44.5"N
022°53'35.1"E

Antipasti & Bruscetta di Pomodori

Der italienische Frische-Snack

Zutaten Bruscetta di Pomodori
für 2 Personen
- 4-6 Scheiben Ciabatta oder Weißbrot
- 3 reife Tomaten
- 1 EL Olivenöl
- 1 EL Balsamico
- Salz, Pfeffer, Zucker oder Honig
- 1 Knoblauchzehe
- Basilikum zum Bestreuen

Zutaten Antipasti
- italienische Salami
- Bacon Lorraine
- korsischer Bergkäse
- Oliven
- Baguette

Tipp:
Genießen Sie zu diesem mediterranen Klassiker ein Glas Pinot Grigio oder Chianti Classico.

Zubereitung

1. Die Tomaten entkernen und in kleine Stücke schneiden.

2. Nun aus Balsamico, Olivenöl, etwas Zucker oder Honig, Salz und Pfeffer ein Dressing bereiten und die Tomaten damit marinieren.

3. Die Weißbrotscheiben mit Olivenöl beträufeln und in einer heißen Pfanne anrösten. Das geröstete Brot mit der Knoblauchzehe einreiben.

4. Eventuell überschüssiges Dressing von den Tomaten abgießen und die Tomatenstücke auf den warmen Brotscheiben verteilen und mit gehacktem Basilikum bestreuen.

5. Wurst, Speck, Käse und Baguette in gefällige Stücke schneiden und Oliven dazu reichen.

"Einfach" genießen

Manchmal reicht es „einfach" zu genießen. Nach einem erfrischenden Bad im Meer, in der Nähe von Tizzano auf Korsika, war das „Einfache" das Beste was es gab…. und es war „einfach" nur köstlich.

41°32'39.7"N
008°50'40.5"E

Portu (Korsika)

Die feinen Gaben des Meeres genießen.

Es ist diese Sehnsucht nach dem intensiven
Geschmack des Mittelmeeres....

diese Gedanken an schöne Tage
in mediterranen Gefilden....

das ist es,
was uns Köche
so unaufhörlich
antreibt....

Marinierte Alici (Sardellen)

Sardellen in Marinade, ein Hauch von Ligurien

Zutaten für 2 Personen

- 300 g frische Sardellen
- 1 Knoblauchzehe
- Je ⅛ l trockener Weißwein, Weinessig und Wasser
- Saft 1 Zitrone
- Salz, Pfeffer
- Olivenöl zum Beträufeln
- Tomatenscheiben und Salatblätter zum Garnieren

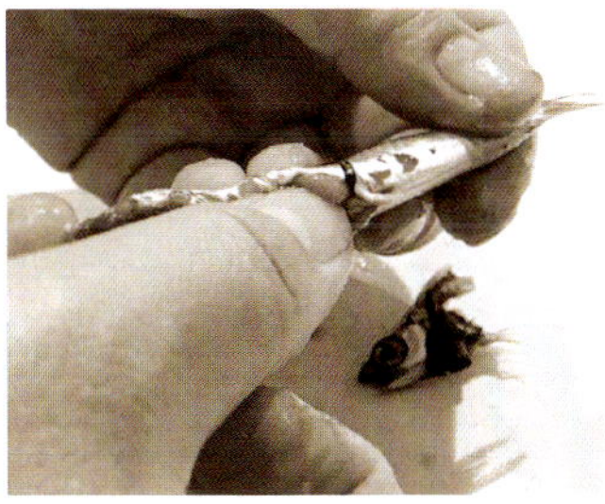

Zubereitung

1. Die Sardellen müssen entgrätet und die Filetstücke freigelegt werden. Am besten funktioniert das, indem man den Kopf der Sardellen hinter den Kiemen knickt und mitsamt den Innereien abzieht.

2. Dann den Fisch auf der Bauchseite mit dem Daumen auffächern und die Mittelgräte entfernen. Die beiden Filetstücke sollen übrig bleiben (siehe Abbildungen).

3. Die freigelegten Filetstücke sofort nach dem Entgräten kalt abspülen und in eine Schüssel mit Eis legen.

4. Wein, Essig und Wasser mischen, den Saft einer Zitrone und eine Knoblauchzehe hineinpressen. Die Marinade mit etwas Salz abschmecken.

5. Nun die Sardellen vom Eis nehmen und in einen flachen Behälter in die Marinade schichten.
   Die Sardellen sollen komplett bedeckt sein.

6. Über Nacht im Kühlschrank marinieren lassen.

7. Die Sardellenfilets mit Salatblättern und Tomatenscheiben anrichten, etwas pfeffern und mit Olivenöl beträufeln. Weißbrot dazu reichen.

41°56'51.7"N
016°01'48.9"E

Ceviche vom St. Petersfisch

Getrüffeltes, mediterranes Sushi

Zutaten - für 2 Personen

- 1 Saint Petersfischfilet (Schwertfisch oder Wolfsbarsch)
- 1 Limette, 1 Zitrone
- 1 Trüffelknolle
- Salz, Pfeffer, Zucker
- Olivenöl zum Beträufeln

Zubereitung

1. Für diese italienische Spezialität kann anstatt des St. Petersfisches natürlich auch jeder andere hochwertige Fisch mit weißem Filet verwendet werden. Es sollte jedoch kein zu fettreicher Fisch sein.

2. Das Filet ca. eine Stunde in den Gefrierschrank legen, damit man anschließend hauchdünne Filetblättchen abschneiden kann.

3. In der Zwischenzeit für die Marinade den Saft der Zitrone und Limette in eine Schüssel pressen, salzen, pfeffern und eine Prise Zucker zugeben.

4. Die Filetstücke hauchdünn vom halbgefrorenen Filet schneiden, durch die Marinade ziehen und auf einer Platte arrangieren. Danach mit Olivenöl beträufeln.

5. Nun das Ceviche mit Folie abdecken und ca. 1 Stunde im Kühlschrank ziehen lassen.

6. Vor dem Servieren die Trüffel fein darüber hobeln, Weißwein und Weißbrot dazu reichen.

Vieste (Italien)

Wo bist du? Was denkst du?
Ich glaube ich bin im Paradies.

Es war nahe Vieste bei diesem Trabucco in Apulien.

Woran erinnere ich mich?

…..an den rohen Fisch, der den Geschmack des Meeres auf meinen Gaumen zauberte.

Dort möchte ich jetzt sein.

Garnelen / Gambas

In Knoblauch und Sojasauce

Zutaten für 2 Personen

- 250 g geschälte und entdarmte Garnelen oder Scampi
- 3-4 Knoblauchzehen fein gehackt
- 30 g Butter
- Chilischote oder –pulver (dezent einsetzen)
- Salz, Pfeffer
- Curry
- 1 TL Balsamico
- 1 TL Honig
- 1/16 l Sojasauce
- 1/16 l Olivenöl
- 2 EL frische Kräuter: Petersilie, Salbei, Liebstöckel, Thymian, Oregano fein gehackt
- Zitronenscheiben zum Garnieren

Zubereitung

1. Die Garnelen kurz vorgaren, indem sie in Butter und etwas Olivenöl mit Knoblauch und Chili angebraten werden, bis sie sich rot färben.

2. Die Garnelen herausnehmen und die Hitze reduzieren.

3. Nun Sojasauce, Honig und Balsamico in die Pfanne geben und umrühren.

4. Das restliche Olivenöl dazugeben und mit Salz, Pfeffer und Curry abschmecken.

5. Die Kräuter hinzufügen, die vorgegarten Garnelen wieder in die Sauce legen und servierfertig erhitzen.

6. Mit einer Zitronenscheibe garnieren und mit Weißbrot servieren.

Club Nautica Arenal (Balearen)

Dann und wann im Hafen

Der Wind klopft heftig ans Fenster.
Der Sturm und mächtige Wellen treiben die
Gischt in den Hafen.
Wir können nicht hinaus aufs Meer, sind gefangen.
Was tun den langen Tag?

Gedanken an den Müßiggang ersprießen,
wir haben Zeit die Köstlichkeiten Spaniens
zu genießen.

39°30'03.5"N
002°44'52.5"E

Oktopus / Pulpo

Mariniertes Oktopus Carpaccio, Oktopus Salat mit Kartoffeln, Oktopus-Tentakel gegrillt

Grundrezept Zubereitung Oktopus

1. Das Um und Auf bei jedem Oktopus Gericht ist, dass das Fleisch zart und bissfest ist. Um dies zu erreichen, muss der Oktopus 1 ½ - 2 Stunden langsam in einem Fond bei ca. 90° ziehen.

2. Zu Beginn das grob geschnittene Wurzelgemüse in einem hohen Topf in Rapsöl scharf anbraten. Die Wacholderbeeren kurz andrücken und mit den anderen Gewürzen dazugeben, danach mit Rotwein ablöschen, mit Wasser angießen und die Zitronenscheiben dazugeben.

3. Nun den Fond zum Sieden bringen und den Oktopus hineingeben, sodass er vollständig mit Flüssigkeit bedeckt ist. Während des Garprozesses immer wieder die Konsistenz des Fleisches prüfen, bis der erwünschte Garpunkt erreicht ist. Die Tentakel sollen an den dicken Stellen noch schön bissfest sein. Die Garzeit variiert je nach Größe zwischen 1 ½ und 2 Stunden.
Fortsetzung →

Zutaten für das Sieden des Oktopus

- 1 Oktopus (ca. 1 kg)
- Wurzelgemüse (Zwiebel, Sellerie, Karotten, Petersilienwurzel, Lauch)
- 1-2 Wacholderbeeren
- 1 TL Fenchelsamen
- ½ TL Senfkörner
- 1 TL Pfefferkörner
- 1 Lorbeerblatt
- Rapsöl zum Anbraten
- 2 Zitronenscheiben
- ¼ l Rotwein

40°53'43.9"N
012°57'52.8"E

Ponza (Italien)

Was wird hier gespielt?

Wenn die Fischerboote vom nächtlichen Fischfang zurück im Hafen sind, der Morgen noch jung ist und dir die Melodie des Treibens sagt, ja, hier bist du richtig, dann bleib doch einfach stehen und erfreue dich des Stückes, welches dir diese Bühne bietet.

Fortsetzung →

Oktopus Varianten

Zubereitung Oktopus Carpaccio

1. Die Tentakel des gegarten, noch heißen Oktopus abtrennen und längs nebeneinander auf eine Frischhaltefolie legen.

2. Nun die Tentakel, eng aneinander gepresst, straff mit der Folie zu einem Strang einrollen. Die Enden gut verschließen, eventuell mit Küchengarn fixieren. Die Rolle sollte wie eine feste Wurststange erscheinen.

3. Nun kalt stellen. Durch das Eiweiß verbinden sich die Tentakel und verkleben zu einer kompakten Masse.

4. Die Folie entfernen, die Masse in ½ - 1 cm dicke Scheiben schneiden und mit dem Dressing beträufeln.

Zutaten Oktopus Carpaccio für 6 Personen
- gegarte Tentakel von einem Oktopus
- Lauch, Salat, Tomaten zum Garnieren

Zutaten für das Dressing (nach Wunsch abschmecken)
- weißer Balsamico
- etwas kalter Fond vom Garen des Oktopus
- Olivenöl, Zitronensaft, Salz, Pfeffer, Zucker

Zutaten Oktopus Salat für 6 Personen
- gegarte Tentakel von einem Oktopus
- weißer Balsamico
- etwas kalter Fond vom Garen des Oktopus
- Olivenöl, Salz, Pfeffer, Zucker
- 2 mittelgroße, gekochte Kartoffeln (festkochend)
- 2 Tomaten
- 1-2 Schalotten gehackt
- 1 Knoblauchzehe gepresst
- Kapern, Petersilie

Zubereitung Oktopus Salat

1. Schalotten und Knoblauch in eine große Schüssel geben. Olivenöl, Balsamico und den Fond untermischen. Mit Salz, Pfeffer und Zucker abschmecken.

2. Kapern und Petersilie klein schneiden und ebenfalls einrühren.

3. Den gegarten, erkalteten Oktopus, die gekochten Kartoffeln und Tomaten in gefällige Stücke schneiden und unter die Marinade heben.

4. Vor dem Servieren 2 Stunden im Kühlschrank ziehen lassen.

Zubereitung gerillter Oktopus

1. Die gegarten, noch warmen Oktopus Tentakel abtrennen und mit Olivenöl beträufeln.

2. Kurz auf den Grill legen, salzen, pfeffern und mit etwas Dressing (siehe Oktopus Carpaccio) servieren.

Tipp:
Zu allen Oktopusgerichten können Sie Weißbrot und halbtrockenen Weißwein reichen.

Ägäisches Meer (Griechenland)

Wie es so ist am Meer

Auf großer Fahrt durch die Kykladen,
bläst uns der Meltemi ins Gesicht.

Das glänzende Meer, die salzige Brise,
die Mühen den Wind in den Segeln zu bändigen
machen Lust auf das, was da aus der Kombüse kommt.

Es ist ein verlockender Duft, der sich unaufhaltsam den Weg
in unsere Nasen sucht. „Haltet ein! Bald setzen wir den
Anker und lassen den Smutje hoch leben.“

37°34'50.6"N
024°32'53.1"E

44°06'59.9"N
015°25'14.7"E

Regattasegeln (Dugi Otok Kroatien)

Regattasegeln ist eine gute Möglichkeit sportlich aktiv zu sein und parallel dazu die Natur, das Meer und natürlich die kulinarischen Genüsse des Mittelmeerraums zu erleben.
Dieses Bild zeigt Yachten beim „Croatia Coast Cup", eine Fahrtensegler Regatta in der Inselwelt Kroatiens.

Hauptspeisen

Piatti Principali

Plats Principaux

Platos Principales

Kýria Mathímata

Glavna Predavanja

Ana Yemekler

Aldawrat Alrayiysa

Fischfang im Mittelmeer (Kroatien, Zirje)

Im Mittelmeer gibt es nach wie vor eine Vielfalt an Fischen. Eine Besonderheit ist vor allem der Thunfisch. Mit Respekt und Dankbarkeit dürfen wir diese Köstlichkeit auf unseren Tisch bringen.

Frischer Fisch ist die Grundlage feinster Gerichte, daher sollen wir auch hier darauf achten, wie dieser gefangen wird. Der nachhaltige Fischfang, abseits von industriellen Fangflotten, ist der Garant dafür, dass auch künftige Generationen ausgezeichneten Fisch genießen können.

Wann immer man die Gelegenheit hat, frischen Thunfisch aus dem Mittelmeer zu bekommen, sollte man sich dessen bewusst sein und ihn dankbar genießen.

43°37'42.1"N
015°37'11.4"E

Thunfischsteak Sashimi

Mit Sesamkruste auf Mangoldkartoffelstampf und Gemüse

Zutaten für 2 Personen

- 2 Thunfischsteaks à ca. 200g (Sashimi Qualität)
- 3 EL Sojasauce
- 3 EL Balsamico
- 300 g Kartoffeln
- je 1 Karotte und gelbe Rübe
- ½ Lauchzwiebel
- 100 g roter Mini-Mangold oder eine Variante von Mangold
- Salz, Pfeffer, Muskatnussabrieb
- weißer und schwarzer Sesam für die Kruste
- Brokkoli Röschen
- 30 g Butter
- Sesamöl zum Braten

Zubereitung

1. Sojasauce und Balsamico in einem Teller vermengen und die Thunfischsteaks abgedeckt ca. eine Stunde bei Zimmertemperatur darin marinieren, eventuell mehrmals wenden.

2. Die Lauchzwiebeln in Öl glasig dünsten, den Mangold beimengen und kurz andünsten, bis dieser zusammenfällt.

3. Die geschälten, in Salzwasser gekochten Kartoffeln grob stampfen und mit dem Mangold in der Pfanne vermengen. Mit Salz, Pfeffer und Muskat abschmecken.

4. Die Karotte und gelbe Rübe in Scheiben schneiden und in Salzwasser dünsten, die Brokkoli Röschen etwas später hinzugeben.

5. Ist das Gemüse bissfest, kurz in Eiswasser abschrecken, damit die Farben schön kräftig bleiben. Vor dem Anrichten kurz in heißer Butter schwenken.

6. Nun beide Sesamarten vermengen, die Steaks aus der Marinade nehmen, salzen und pfeffern und in der Sesammischung wälzen.

7. Die Steaks im heißen Sesamöl von allen Seiten kurz (ca. 5 Sekunden) scharf anbraten, damit der Sesam Röstaromen entwickelt. Danach die Hitze reduzieren und wieder auf beiden Seiten ca. 30 Sekunden braten.

8. Die Steaks sollen in der Mitte unbedingt noch einen rohen Kern haben, um dem Begriff „Sashimi“ gerecht zu werden.

Thunfisch Pastete

Wer frischen Thunfisch bekommt, sollte dieses Gericht probieren. Mehr vom Meer geht nicht!

Zutaten
für 4 Personen

- 250 g frischer roher Thunfisch
- Saft von 2 Zitronen
- 1 Schalotte oder Lauchzwiebel
- 1 Knoblauchzehe
- 1 roter Pfefferoni (nicht zu scharf)
- Fruchtfleisch von 1 Tomate
- Salz, Pfeffer
- 3-4 EL Olivenöl
- 1 TL Kapern und Petersilie

Zubereitung

1. Den Thunfisch in kleine Würfel schneiden, mit dem Saft der Zitronen marinieren und ca. 2 Stunden im Kühlschrank ziehen lassen.

2. Nun den Saft abgießen und den Thunfisch mit Küchenpapier abtupfen.

3. Schalotte, Knoblauch, Tomate, Kapern, Pfefferoni sowie Petersilie klein schneiden und gemeinsam mit dem Thunfisch und Olivenöl in einer Püriermaschine (Kutter) zu einer Pastete verarbeiten. Mit Salz und Pfeffer abschmecken.

Tipp:
Weißbrotscheiben rösten und mit trockenem Weißwein zur Pastete reichen.

Sommer am Meer

Der Geruch der frischen Meeresbrise ..., die Sonne auf der Haut ...,
von Weitem hört man die Zikaden zirpen,
und dazu der frische Geschmack des Fisches,
der feine Duft des gerösteten Brotes und der kühle Wein....
Sommer sollte immer sein.

Frischer Fisch

Zander, der Süßwasserräuber

Es muss nicht immer Fisch aus dem Meer sein.
Auch in Süßwasserseen des Mittelmeerraums finden sich ausgezeichnete Barscharten.
Wer schon einmal gegarten Zander mit Gemüse im eigenen Dampf genießen durfte, der kann davon erzählen, dass guter Fisch nicht immer aus dem Meer kommen muss. Nachhaltig genießen, eine Devise, die jedem Koch und Gourmet ein Anliegen sein muss.

Zander / ganzer Fisch im Backrohr

Ob Zander, Wolfsbarsch, Goldbrasse – im Rohr wird's immer vorzüglich

Zutaten
für 2 Personen

- 1 Portionsfisch für 2 Personen
- 400 g vorgegarte Kartoffeln (festkochend)
- Tomaten, Zucchini (beliebiges Gemüse wie Fenchel, Paprika)
- 2 Knoblauchzehen fein gehackt
- Frühlingszwiebeln
- 2-3 EL Kräuter: Petersilie, Rosmarin und Thymian klein gehackt
- 3 EL Butter
- Olivenöl
- Salz, Pfeffer
- Weißwein
- Zitrone

Tipp:
Servieren Sie den Fisch direkt im Backpapier auf einer Platte und öffnen Sie es erst kurz vor dem Verspeisen.

Zubereitung

1. Die Haut des entschuppten Fisches mit einem scharfen Messer einritzen (nicht ins Fleisch schneiden).

2. Den Fisch an der Innen- und Außenseite mit Salz, Pfeffer und einer fein gehackten Knoblauchzehe würzen. Einen Teil der Kräuter und Butterflocken in die Bauchhöhle geben.

3. Ein Backblech mit Backpapier belegen und den Fisch mit der Bauchhöhle nach unten auf eine ganze Kartoffel setzen, sodass er stabil auf dem Blech platziert ist .

4. Nun das Gemüse und die vorgegarten Kartoffeln in Scheiben schneiden und beidseits des Fisches anordnen. Restliche Butter, Kräuter und Knoblauch sowie Olivenöl untermischen, mit Wein beträufeln, salzen und pfeffern.

5. Den Fisch bei 140° im vorgeheizten Backrohr garen.

6. Nach 20 Minuten das Backpapier um den Fisch verschließen, indem es an den Außenrändern zusammengefaltet wird (eventuell mit Klammern fixieren) und weitere 20 Minuten bei 90° fertig garen.

41°23‘34.9"N
009°09‘66.7"E

Bonifacio (Korsika)

Eine Insel, die wir mit dem Wohnmobil bereisen durften. Die zerklüftete Westküste hat uns zum Staunen gebracht. Die Berge und die Steilküste mit ihrer intensiven Ausstrahlung, die wohl auch die Menschen und ihre Kultur geprägt haben, haben auch bei uns einen tiefen Eindruck hinterlassen. Der Duft von frisch zubereiteter Fischsuppe erinnert uns noch heute an diese Momente. Nirgends schmeckt die Bouillabaisse so gut wie in Frankreich, nur vielleicht noch etwas besser auf Korsika.

Französische Fischsuppe, Bouillabaisse

Einst das Armeleuteessen, nun ein Stück Esskultur

Zutaten Fischsuppe
für 4 Personen

- 300 g Fischfilets (Drachenkopf, Seeteufel, Wolfsbarsch, Meeresfrüchte - kann aber auch mit anderen Fischarten zubereitet werden)
- 250 g Meeresfrüchte (Scampi, Garnelen, Muscheln etc.)
- ¾ l Fischfond
- 1 EL Pernod
- 250 g geschälte Tomaten aus der Dose
- 1-2 reife Fleischtomaten
- Tomatenmark
- 2 Schalotten fein gehackt
- 2 Knoblauchzehen fein gehackt
- 1 Prise Paprika (süß)
- Wurzelgemüse in Julienne geschnitten (Karotten, Sellerie, Petersilienwurzel)
- 1 Lorbeerblatt
- ½ TL Safran, Fenchelsamen
- 2 EL Kräuter: Petersilie, Thymian, Salbei
- 100 ml trockener Weißwein
- Salz, Pfeffer
- ev. Maisstärke zum Eindicken

Tipp:
Für eine Bouillabaisse benötigt man einen kräftigen Fischfond.
Diesen kann man aus Fischkarkassen, Gemüse und Gewürzen selber kochen, oder kaufen.

Zutaten für die Rouille

- 50 ml Fischfond
- 50 ml Milch
- 1 kleine gekochte Kartoffel
- ½ Knoblauchzehe
- 120 ml Olivenöl
- Salz, Pfeffer
- ½ TL Dijon Senf
- 1-2 Safranfäden

Zubereitung

1. Die Fenchelsamen ohne Öl kurz anrösten, damit die Aromen besser zur Geltung kommen, und zur Seite stellen.
2. Nun in einem Topf, das in Streifen geschnittene Wurzelgemüse in heißem Olivenöl mit den Schalotten, Knoblauch und Tomatenmark andünsten.

Fortsetzung →

Fortsetzung →

3. Die würfelig geschnittenen Tomaten dazugeben und ca. 5 Minuten stark kochen.

4. Den Fischfond, das Lorbeerblatt und die gerösteten Fenchelsamen dazugeben.

5. Eine Prise Paprika, Chilipulver und den in Wasser eingelegten Safran in den Topf geben, mit Salz und Pfeffer abschmecken, ca. 10 Minuten leicht köcheln lassen.

6. Nun die klein geschnittenen Kräuter dazugeben und die Fischfilets und Meeresfrüchte in die Suppe einlegen. Weitere 10 Minuten köcheln lassen.

7. Die Bouillabaisse kann bei Bedarf mit in kaltem Wasser verrührter Maisstärke eingedickt werden.

Tipp:
Zur Bouillabaisse wird traditionell Rouille gereicht. Das ist eine Art Mayonnaise oder Aioli, die auf das Baguette gestrichen wird. Da ich unsere Bouillabaisse als Sommergericht sehe, habe ich eine Variante ohne Eidotter gewählt.

Zubereitung Rouille

1. 1-2 Safranfäden in einer Mischung aus kaltem Fischfond und Milch auflösen.

2. Dann die gekochte Kartoffel zerdrücken und gut einrühren.

3. Nun alle weiteren Zutaten, bis auf das Öl, dazugeben und mit dem Pürierstab gut mixen.

4. Nun unter ständigem Rühren das Öl in die Masse einfließen lassen (kann auch mit dem Pürierstab gemacht werden) bis eine cremige Sauce entsteht.

Die Ruhe vor dem Sturm (Vrgada Kroatien)

Wenn es in der Ferne blitzt und donnert …

Wer am Meer unterwegs ist weiß,
dass hier das Wetter schnell umschlagen kann.
Ein altes Seemannssprichwort sagt:
„Spürst du Regen und keinen Wind,
räum' das Segel weg geschwind."

Gute Wetterkunde, vorsorgliches Planen und
eine gut gefüllte Kombüse sind
ausschlaggebend für einen gelungenen Törn.

Ein kräftiges Mahl nach stürmischer Fahrt,
stärkt die Mannschaft
und die Moral.

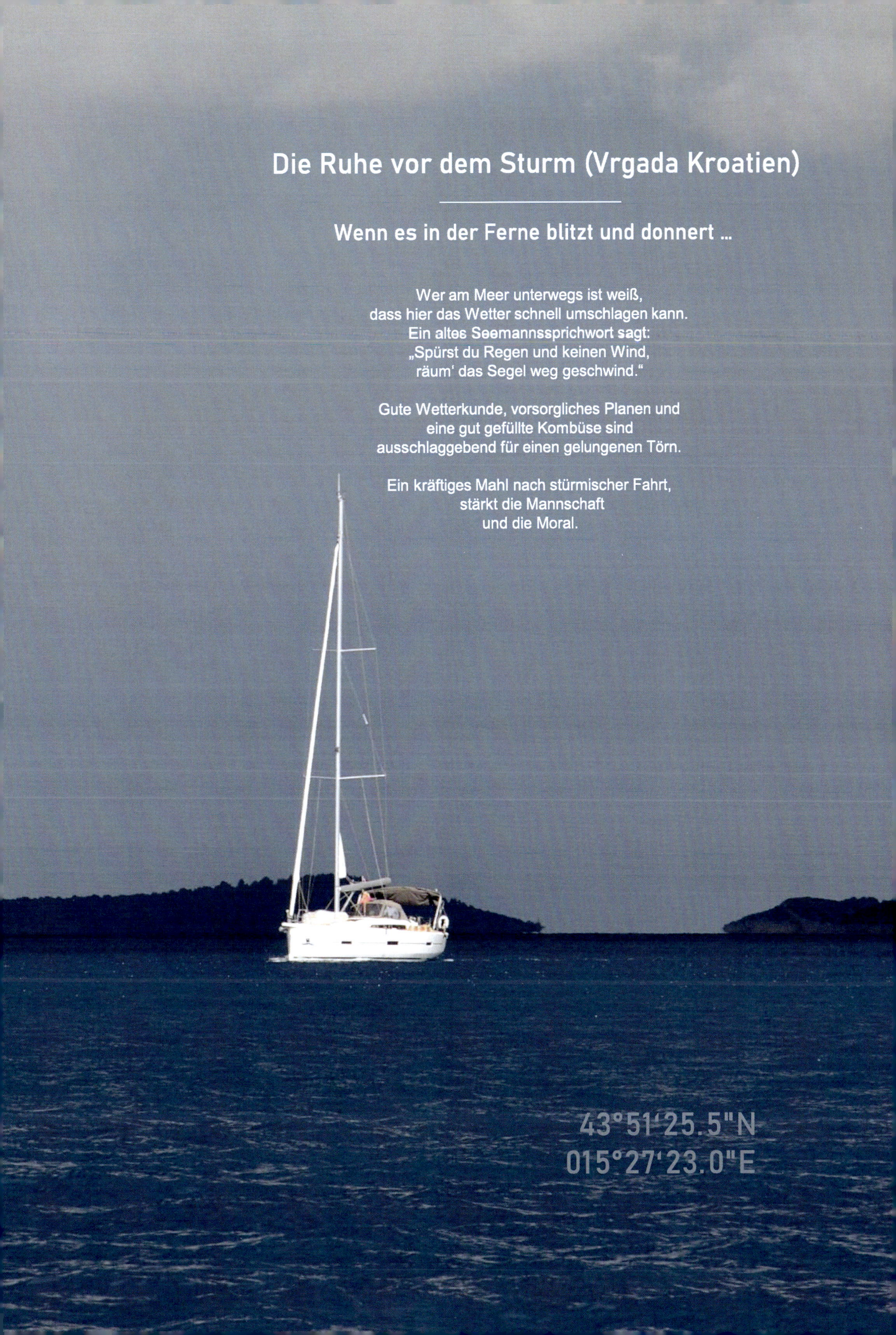

Seezungen-Mangoldröllchen

Mit Kartoffeln, Garnelen und Zitronen-Kapernsauce

Zutaten für 4 Personen

- 8 Seezungenfilets ohne Haut
- 16 Garnelen
- 125 g Mangold
- ½ kg Kartoffeln (festkochend)
- 1 Schalotte
- ¼ l Fischfond
- ¼ l Weißwein
- 3-5 kleine Kapern
- Salz, Pfeffer, Muskat
- 1 Zitrone (Saft und Schalenabrieb)
- Olivenöl, kalte Butter
- 100 g Creme fraiche

Tipp:
Kapern dezent einsetzen, denn ihr Geschmack ist sehr intensiv.

Zubereitung

1. Die Kartoffeln kochen und schälen.

2. Für die Sauce die gehackte Schalotte in Olivenöl glasig dünsten, mit Weißwein ablöschen, Fischfond aufgießen und auf niedriger Flamme einreduzieren lassen.

3. Währenddessen die Seezungenfilets salzen und pfeffern. Die Mangoldblätter auf die Filets legen, einrollen und mit Zahnstocher fixieren.

4. Die Seezungenröllchen und die Garnelen in Olivenöl von allen Seiten kurz anbraten und für ca. 10 Minuten bei 140° im Backofen fertig garen.

5. Die gekochten Kartoffeln grob stampfen. Die Hälfte der gegarten Garnelen in Stücke schneiden, in den Kartoffelstampf mischen und in heißem Olivenöl durchschwenken und Farbe nehmen lassen. Mit Salz, Pfeffer und Muskat würzen.

6. Nun die Sauce finalisieren. Hierfür die Kapern mit einem Messer zerdrücken und mit Zitronensaft und Creme fraiche zu der bereits angesetzten Sauce geben und kurz aufkochen lassen.

7. Dann die Sauce fein pürieren, mit Salz, Pfeffer und Zucker abschmecken und mit kalter Butter montieren.

8. Die Seezungenröllchen auf dem Kartoffelstampf im Saucenspiegel anrichten, die ganzen Garnelen darauf setzen und Zitronenzesten darüber reiben.

Wolfsbarsch auf Steinpilzrisotto

Perfektion des Geschmacks von Wald, Feld und Meer

Zutaten
für 2 Personen

- 300 g Wolfsbarschfilet (oder Zander)
- 150 g Risottoreis (Arborio Reis)
- 2-3 frische Steinpilze (je nach Größe)
- einige getrocknete Steinpilze
- 1 Schalotte
- 1 Knoblauchzehe
- 1 Frühlingszwiebel
- ¾ l Gemüsefond
- 30 g Butter
- 20 g Parmesan (Parmigiano Reggiano)
- Rapsöl, Olivenöl
- Salz, Pfeffer
- 2 EL Kräuter: Petersilie, Bohnenkraut, Thymian und Rosmarin (je nach Geschmack)

Tipp:
Dieses Gericht können Sie mit jedem Edelfisch zubereiten. Ebenso können anstatt der Steinpilze auch andere Pilze oder nur Gemüse verwendet werden.

Zubereitung

1. Die getrockneten Pilze in grobe Stücke schneiden und mit den gehackten Schalotten und Knoblauch in Olivenöl kurz anschwitzen.

2. Den Reis dazugeben und mit Weißwein ablöschen. Unter stetigem Rühren nach und nach mit dem heißen Gemüsefond angießen.
   Der Reis soll dabei immer gut mit Suppe durchsetzt sein, jedoch nicht in der Suppe schwimmen.

3. Nach ca.15 Minuten die Steinpilze in Stücke schneiden, in Rapsöl kurz scharf anbraten, salzen, pfeffern und die fein gehackte Petersilie dazugeben und beiseitestellen.

4. Den Reis nur so lange rühren und angießen, dass dieser noch Biss hat. Nach ca. 20 Minuten ist dieser Garpunkt erreicht. Nun den geriebenen Parmesan und die Hälfte der Pilze daruntermischen und von der Herdplatte nehmen.

5. Die Fischfilets auf der Hautseite in Rapsöl knusprig anbraten, von der Hitze nehmen. Nun die Filets wenden und in der Restwärme der Pfanne ziehen lassen. Der Fisch soll beim Servieren im Kern noch leicht glasig sein.

6. Butter und Kräuter in den Reis rühren und mit Salz und Pfeffer abschmecken.

7. Das Risotto auf einem Teller anrichten, Frühlingszwiebelringe und die restlichen Steinpilze darüberstreuen, die Fischfilets gefällig auf dem Risotto platzieren und mit Cherrytomaten und Kräutern garnieren.

Reichen Sie dazu einen frischen, gut gekühlten Pinot Grigio.

Gratinierte Miesmuscheln mit Kräuterkruste

Mit Zucchini-Lauch-Tomatensauce

Zutaten für 2 Personen

- 30-40 Miesmuscheln
- ½ Zucchini (ca. 150 g)
- 1 Lauchzwiebel
- 2 Schalotten
- 2 Knoblauchzehen
- 1 Dose geschälte Tomaten
- ¼ l Fischfond
- Weißwein zum Ablöschen
- altes geriebenes Weißbrot (1-3 Stück je nach Größe)
- 50 g Parmesan gerieben
- Olivenöl, Rapsöl, Butter
- Salz, Pfeffer, 1 TL Zucker
- Saft einer ½ Zitrone
- 3 EL Kräuter: Thymian, Petersilie, Rosmarin feingehackt

Tipp:
Dieses Gericht kann auch mit anderen Muscheln zubereitet werden.
Bei größeren Muscheln wie z.B. Jakobsmuscheln kann die Tomatensauce auch direkt auf das Muschelfleisch gegeben werden.

Zubereitung Muscheln

1. Die Muscheln mit einer Bürste sauber putzen. Nur geschlossene und ganze Muscheln verwenden.

2. In einem großen Topf Olivenöl erhitzen. Die fein gehackten Schalotten und den Knoblauch glasig anschwitzen, mit einem guten Schuss Weißwein ablöschen und mit Fischfond angießen, salzen und pfeffern und den Zitronensaft zugeben. Kurz aufkochen lassen.

3. Nun die Muscheln in den Topf geben und 10 Minuten bei mittlerer Hitze zugedeckt köcheln lassen.

4. Die Zucchini und den Lauch in kleinere Stücke schneiden, in Butter anschwitzen und mit Weißwein ablöschen. Die Tomaten zufügen und mit Salz, Pfeffer und Zucker abschmecken. Zum Schluss noch eine Knoblauchzehe hineinpressen und ca. 5 Minuten dünsten lassen.

5. Danach die Tomaten-Zucchinisauce in einer zum Servieren geeigneten Backform bodenbedeckend verteilen.

6. Die durch den Garvorgang nun geöffneten Muscheln aus dem Sud nehmen und in die Backform auf die Tomatensauce schichten.

7. Den Muschelsud durch ein Sieb seihen und für die Gratinier-Masse wie folgt verwenden.

8. Die Kräuter, das geriebene Brot und den Parmesan mit dem warmen Muschelsud zu einer kompakten Masse verarbeiten und mit Butter binden. Wenn notwendig noch nachwürzen.

9. Nun die Masse auf den Muscheln verteilen und bei starker Oberhitze (Grill) 250° goldbraun gratinieren.

Paella, eine spanische Versuchung

Katalonien, Valencia – ein Spanisches Nationalgericht

Zutaten für 4 Personen

- 200 g Paella Reis
- 1 Zwiebel fein gehackt
- 4 Knoblauchzehen fein gehackt
  2 Paprika (verschiedene Farben, klein würfelig geschnitten)
- 70 g Erbsen (tiefgekühlt)
- Fruchtfleisch 1 Tomate (ohne Haut)
- 500 ml Fischfond (oder Gemüsefond)
- Olivenöl zum Anbraten
- Salz, Pfeffer
- 4 große Gambas
- 4-8 geschälte Garnelen
- 200 g festes weißes Fischfilet in gefällige Stücke geschnitten
- 100 g gemischte Meeresfrüchte
- 4 Hühnerkeulen
- 100 g Chorizo (spanische Wurst)
- 12 Miesmuscheln
- 1 Bund Petersilie gehackt
- einige Safranfäden
- 1 TL Kurkuma
- 1 TL Paprikapulver
- Weißwein zum Ablöschen
- 1 Zitrone zum Garnieren

Tipp:
Die Paella ist ein individuelles Gericht. Experimentieren Sie mit verschiedenen Fleischsorten, Sie können auch Kaninchen- oder Schweinefleisch verwenden.

Zubereitung

1. Die Hühnerkeulen waschen, mit Salz, Pfeffer und Paprikapulver würzen.

2. Von allen Seiten anbraten und bei 220° ca. 30-40 Minuten im Backrohr durchgaren (mehrmals wenden).

3. Eine große Pfanne mit Olivenöl erhitzen, die ¾ Menge der fein gehackten Zwiebel und 2 Knoblauchzehen mit dem Paella Reis kurz anschwitzen und mit Weißwein ablöschen. Mit Fischfond aufgießen, bis der Reis bedeckt ist. 10 Minuten leicht köcheln lassen.

4. Währenddessen die Garnelen und Gambas sauber putzen, am Rücken einschneiden und den Darm entfernen. Bei den Gambas sollen Schale und Kopf dran bleiben.

5. Eine separate Pfanne mit Olivenöl erhitzen, die Gambas und Garnelen mit einer zerdrückten Knoblauchzehe braten, salzen und pfeffern, anschließend warmhalten.

6. Die Miesmuscheln mit restlichem Zwiebel und Knoblauch in Olivenöl ca. 3 Minuten anbraten, mit Weißwein ablöschen, mit Salz und Pfeffer würzen und bei kleiner Hitze zugedeckt garen.

7. Safran, Kurkuma und Paprika in etwas Fischfond auflösen.

8. Nun die würfelig geschnittenen Paprikastücke, die Chorizoscheiben, die Fischstücke und Meeresfrüchte mit der Gewürzmischung in den Reis mischen und diesen bissfest fertig garen. Bei Bedarf Fischfond nachgießen.

9. Ist der Reis fertig, vorsichtig die gehackte Petersilie, Tomatenstücke und Erbsen sowie die Hälfte des abgeseihten Muschelfonds unterheben.

10. Anschließend die Miesmuscheln, Hühnerkeulen, Gambas und Garnelen darauf positionieren.

11. Vor dem Servieren die Muscheln mit dem restlichen Muschelsud beträufeln und mit einem Kräutersträußchen und Zitronenspalten garnieren.

Dazu passt ein herzhafter, halbtrockener Macabeo.

Buen apetito!

Hühnchen mit Pasta

Hühnerfilet mit Pasta „Bavette n. 13“ auf Kräutersauce, Spargel und Tomaten

Zutaten für 2 Personen

- 2 Hühnerbrüstchen à ca. 120 g
- 150 g Bavette n. 13 (oder beliebige Pasta)
- 2 Knoblauchzehen fein gehackt
- 1 Schalotte fein gehackt
- 1 EL Butter
- 1 EL Whisky
- Rapsöl zum Braten
- Salz, Pfeffer, Zucker
- 4-5 EL frische Kräuter fein gehackt (Basilikum, Petersilie, Thymian, Rosmarin, Oregano, Liebstöckel, Salbei)
- 250 ml Gemüsebrühe
- 2 EL Creme fraiche
- 1 TL Maisstärke zum Eindicken
- 1 Bund grüner Spargel
- 4 Cherrytomaten

Tipp:
Vor dem Servieren Olivenöl über die Pasta träufeln.

Zubereitung

1. Für die Sauce Schalotte und Knoblauch in Butter glasig dünsten, mit Whisky ablöschen, anschließend mit der Gemüsebrühe angießen und leicht köcheln lassen.

2. Reichlich Wasser erhitzen, salzen und die Pasta al dente (bissfest) kochen.

3. In der Zwischenzeit Hühnerfilets parieren, mit Wasser abspülen und mit Küchenpapier trocken tupfen. Danach salzen und pfeffern.

4. Die Hühnerfilets in Rapsöl kurz scharf anbraten und dann bei mittlerer Hitze goldbraun braten.

5. Die Spargelspitzen ebenfalls in Salzwasser kurz aufkochen und ca. 5 Minuten ziehen lassen. In das Kochwasser etwas Zucker beifügen, das hebt den Geschmack des Spargels und verhindert, dass er bitter schmeckt.

6. Nun die feingehackten Kräuter in die angesetzte Sauce geben, mit Salz und Pfeffer abschmecken und mit einem Pürierstab sämig pürieren.

7. Danach Creme fraiche einrühren. Je nach gewünschter Konsistenz, kann die Sauce mit 1 TL Maisstärke, die in wenig kaltem Wasser glatt gerührt wird, eingedickt werden.

8. Die Pasta eventuell nachsalzen, mit einer Fleischgabel locker aufrollen und auf dem Kräutersaucenspiegel drapieren. Die Hühnerfilets, gefächert geschnitten, mit den Spargelspitzen und Tomatenspalten anrichten. Mit Petersilie garnieren.

Viva la Roma

Rom, die ewige Stadt mit ihren
Köstlichkeiten, werden wir nie vergessen.
Die Stadt, die nur so vor Leben pulsiert.
Geschichte und Geschichten an allen
Ecken und Enden.
Die durchdringende Lebensfreude der Römer
und ihre Begabung genießen zu können,
das wollen wir uns zum Vorbild nehmen.

43°53'24.7"N
012°28'32.9"E

Saltimbocca mit Zucchini und Bratkartoffeln

Variante Saltimbocca von der Pute (Bild)
Original Saltimbocca alla Romana vom Kalb

Zubereitung

1. Die geschälten, gekochten Kartoffeln in Sonnenblumenöl beidseits knusprig braten.

2. Die Schnitzel mit Frischhaltefolie abdecken und mit einem Plattiereisen oder einem Topf etwas flach klopfen, salzen und pfeffern.

3. Nun den Schinken und 1-2 Salbeiblätter darauflegen und mit einem Holzspießchen (Zahnstocher) feststecken. Die Hälfte der Butter erhitzen (den Rest der Butter kalt stellen) und die Schnitzel beiderseits anbraten, so dass das Fleisch innen noch saftig ist. Danach auf einen vorgewärmten Teller legen und abdecken.

4. Nun den heißen Bratrückstand mit Weißwein ablöschen und unter Rühren den Alkohol verdampfen lassen. Nun den Rest der kalten Butter zugeben und mit einem Schneebesen eine feine Sauce rühren, mit Salz und Pfeffer abschmecken und die Schnitzel nochmals kurz in der Sauce erwärmen.

5. In einer weiteren Pfanne die Zucchinischeiben beiderseits scharf anbraten, Tomaten zuckern und ebenfalls kurz erhitzen.

6. Das Gemüse nun unter die Kartoffeln heben, salzen, pfeffern.

7. Nun alles gefällig anrichten, mit Lauchringen und Rucola garnieren.

Zutaten für 2 Personen

- 4 Schnitzel von der Pute oder vom Kalb
- 4 Scheiben Prosciutto di Parma
- 8 Salbeiblätter
- 6 kleine Kartoffeln festkochend
- 1 kleine Zucchini
- 4 Cherrytomaten
- Rucola
- 60 g Butter
- Sonnenblumenöl zum Anbraten
- halbtrockener Weißwein zum Ablöschen
- Salz, Pfeffer

Tipp:
....übrigens Saltimbocca bedeutet „spring in den Mund“.
Wohl bekomm's!

Köfte – Bifteki – Faschierte Spieße

Vom Balkan bis nach Vorderasien – ob feurig oder herzhaft, die verschiedenen Varianten machen Lust auf Urlaub.

Zutaten für 2 Personen

- 400 g Rinderhackfleisch (auch Hackfleisch vom Lamm oder gemischt möglich)
- 120 g verschiedenfärbige Paprika
- 1 Zwiebel
- 2 Knoblauchzehen
- 1 EL Olivenöl
- Rapsöl zum Braten
- Gewürze und Kräuter (Salz, Pfeffer, Paprika, Kurkuma, Kreuzkümmel, Baharat, Thymian, Rosmarin, Petersilie, Liebstöckel)
- Griechisches Joghurt
- Eisbergsalat, Gurken- oder Zucchinischeiben und Tomaten zum Anrichten

Tipp:
Gewürze wie Kurkuma, Kreuzkümmel, Baharat machen dieses Gericht authentisch. Gibt's online oder in guten orientalischen Feinkostläden.

Zubereitung

1. Paprika in kleine Würfel schneiden, diese in einer Pfanne ohne Öl, unter mehrmaligem Schwenken, stark anbraten und danach zur Seite stellen.

2. Zwiebel und Knoblauch fein hacken und glasig dünsten, danach auskühlen lassen.

3. Nun die Kräuter fein hacken, mit den Gewürzen, den Paprikawürfel, Zwiebel und Knoblauch in das Hackfleisch mengen.

4. Das Olivenöl dazugeben und ca. 5 Minuten intensiv mit den Händen zu einem matschigen Brei kneten (eventuell Handschuhe verwenden).

5. Die Masse ½ Stunde rasten lassen. Nun ovale Laibchen formen oder auf Spieße stecken (gut andrücken) und in Rapsöl ausbraten oder grillen.

6. Joghurt mit Salz und Knoblauch aromatisieren.

7. Die Köfte-Laibchen mit fein geschnittenem Salat und Gemüse anrichten (Zucchini, Tomaten und Paprika eventuell vorher kurz anbraten oder grillen).

Dazu geröstetes Weißbrot reichen.

Es gibt wohl hunderte Varianten

Auf Spieße gesteckt oder auch mit Käse oder Butter gefüllt - Köfte kann in verschiedenen Varianten zubereitet werden.
Gewürze wie Baharat, Kreuzkümmel und Kurkuma verleihen dem Gericht einen leicht orientalischen Geschmack. Wer diesen Duft schon einmal in den Gassen der Altstädte des Balkans riechen durfte, vergisst ihn nie. Wenn du dieses Gericht isst und die Augen schließt, dann bist du wieder dort … .

Alter Baum
Golf Argolis (Greece)

Alter Baum erzähle doch
was du gesehen, welch‘ Abenteuer du erlebt und Mühen du
ertragen hast.

Erzähle auch von den schönen
Tagen, die du dein Wissen nennst.

Die Liebenden, die an deinen
Stamm sich lehnten, die Alten, die
sich deine Kraft ersehnten.

Hast Sturm und wütend‘ Brände
ertragen, es kamen Freund und
Feind, um sich an deiner Frucht
zu laben.

Deine grüne Frucht gibt gold‘nen
Saft und so mancher Speise erst
die Kraft, ist Medizin und Elixier,

alter Baum, wir danken dir.

Berge und weite Welt, du und ich....

Du musst tagein, tagaus mit dem Vieh zu Berge laufen,
ich anderorts mir den Zeitgeist kaufen...

Zerstreuung um jeden Preis, wünscht sich manch Gesell,
doch tagein, tagaus immer derselbe Appell.

Oft wünscht man sich gar des anderen Leben,
weit weg von Lärm und Trubel, weit weg von Geld und Ruhm.

Gleich für alle ist das Leben, wenn sie sich zu Tisch begeben.
Daher besinne dich, ob du nun dem Vieh nachhetzt oder dem Geld,
denn bei Tisch ist jeder in seiner Welt.

Darum halte ein und begehre nicht des andren Leben,
sondern genieße die Köstlichkeiten, die in dessen Kultur gegeben,
vergiss auch das Streben nach Geld,
dann bist auch du vielleicht für einen Moment,
in des andren Welt.

39°45'56.1"N
022°38'58.7"E

Kastanitsa
(Griechenland)

Geschmorter Lammschlögel

Mit Kartoffeln und Gemüse, im eigenen Saft geschmort

Zutaten für 4 Personen

- 1,5 kg Lammschlögel oder Schulter
- 1 Bund Suppengemüse
- 600 g Kartoffeln
- Olivenöl, Rapsöl, kalte Butter
- Salz, Pfeffer
- je 250 ml Lamm- und Gemüsefond
- 1 Zwiebel
- 3 Knoblauchzehen
- je 3 Thymian-, Rosmarinzweige
- Weißwein zum Ablöschen

Tipp:
Dazu passt ein kräftiger Rotwein oder auch ein gutes Glas Bier

Zubereitung

1. Lammschulter parieren (Sehnen, Silberhaut etc. entfernen). Mit einem Filetmesser kleine Stiche ins Fleisch stechen und Knoblauchstücke und Kräuter in die Öffnungen stecken.

2. In einem Schmortopf Rapsöl erhitzen und das Fleisch von allen Seiten scharf anbraten. Den Braten wieder herausnehmen und nun im Bratrückstand das zerkleinerte Suppengemüse und die Zwiebeln scharf anrösten und mit Weißwein ablöschen .

3. Den Braten salzen und pfeffern und zum gerösteten Gemüse geben. Nun mit Lamm- und Gemüsefond aufgießen.

4. Kräuter und geschälte Kartoffeln in den Fond legen, den Schmortopf verschließen und bei 160° ca. 2 ½ bis 3 Stunden im Backofen schmoren lassen.

5. Nach dem Schmoren den Bratensaft abgießen und mit der kalten Butter binden.

Wildschweinragout Toskana

Mit Pappardelle und Dörrpflaumen im Speckmantel

Zutaten für 4 Personen

- 1 kg Wildschweinfleisch (Schlögel, Schulter oder Schopf)
- 1 Pkg Suppengemüse
- 1 Zwiebel
- 3 Knoblauchzehen klein gehackt
- 2 EL Tomatenmark
- 200 g geschälte Tomaten aus der Dose
- 10-15 schwarze Oliven
- Rapsöl zum Anbraten
- Salz, Pfeffer
- 2 TL Zucker
- 250 ml Wildfond
- Kräuter: 1 Lorbeerblatt, je 2 Thymian-, Rosmarinzweige
- 5 angedrückte Wacholderbeeren
- 30 g geriebene dunkle Kochschokolade
- Abrieb einer unbehandelten Orange
- 1 Prise Zimt
- 250 ml toskanischer Rotwein
- 300 g Pappardelle
- 8 Dörrpflaumen
- 8 dünne Scheiben Speck

Tipp:
Über Nacht im Kühlschrank, schmeckt's am nächsten Tag noch besser!

Zubereitung

1. Das Fleisch mit kaltem Wasser abspülen, parieren und in gleichgroße Stücke schneiden.

2. In einem Schmortopf Rapsöl erhitzen, die Fleischstücke von allen Seiten scharf anbraten, herausnehmen und zur Seite stellen.

3. Im gleichen Topf nun im Bratrückstand den Zucker karamellisieren und das klein geschnittene Wurzelgemüse, Zwiebel und Knoblauch mit dem Tomatenmark scharf anbraten, sodass gute Röstaromen entstehen. Mit Rotwein ablöschen.

4. Nun das Fleisch wieder dazugeben, mit Salz und Pfeffer würzen und mit Wildfond angießen.

5. Kräuter und Wacholderbeeren in ein Kräutersäckchen füllen und in den Schmortopf legen.
   Abdecken und bei mittlerer Hitze ca. 1 Stunde leicht köcheln lassen.

6. Danach Tomaten, Oliven und die Schokolade beimengen, nochmals abschmecken und bei Bedarf Fond oder Rotwein aufgießen.

7. Das Fleisch ca. eine weitere Stunde ohne Deckel garen bis es zart und weich ist.

8. Währenddessen die Pappardelle in Salzwasser al dente kochen und die Dörrpflaumen mit Speck ummanteln und kurz von allen Seiten anbraten.

9. Ist das Fleisch weich, das Kräutersäckchen entfernen, die Sauce mit Orangenabrieb und einer Prise Zimt verfeinern.

Das Ragout mit den Speck-Dörrpflaumen und Pappardelle anrichten und dazu einen kräftigen, toskanischen Rotwein servieren.

Farsumagru - Sizilianischer Festtagsrollbraten

Mit Hackfleisch/Salsiccia/Schinken-Füllung und Tomaten-Wurzelgemüse-Sauce

Zutaten für 6 Personen

- 700 g Kalbfleisch (Oberschale) vom Fleischer im Schmetterlingsschnitt für eine große Roulade zuschneiden lassen
- 150 g gemischtes Hackfleisch (Rind/Schwein)
- 100 g Salsiccia (Italienische Bratwurst)
- 5–10 Scheiben Rohschinken (nicht zu dünn geschnitten)
- 50 g Sizilianischer Käse gerieben (Ragusano oder Pecorino)
- 4 Eier (3 davon hartgekocht)
- 6 mittlere Tomaten
- 250 g Tomaten aus der Dose
- 1 ELTomatenmark
- 250 ml Rinderfond
- 1 kleine Zwiebel
- 3 Schalotten
- 3 Knoblauchzehen
- 1 Lorbeerblatt
- 1 Bund Wurzelgemüse (Sellerie, Karotte, Petersilienwurzel, Lauch)
- Kräuter: 2 Zweige Rosmarin, 3 Zweige Thymian, Bund Petersilie
- 40 g zerkleinertes getrocknetes Weißbrot (oder Paniermehl)
- Salz, Pfeffer, Zucker
- Olivenöl, 1 EL Butter
- Schmalz zum Anbraten
- ¼ l Rotwein

Tipp:
Dieses Gericht wird traditionell aus Kalbfleisch gemacht. Schmeckt aber auch hervorragend mit Hirschfleisch oder Wildschweinschlögel.

Zubereitung

1. Das Fleisch flach auflegen und eventuell mit einem Topf zwischen zwei Frischhaltefolien platt klopfen.
2. Das fein geschnittene Wurzelgemüse mit der Zwiebel und dem Knoblauch in Olivenöl anbraten und mit Rotwein ablöschen und abkühlen lassen.
3. Währenddessen in einer Schüssel Hackfleisch, die Salsiccia ohne Haut, den Käse, die Kräuter und das zerkleinerte Weißbrot gut vermengen.
4. Nun das angebratene, abgekühlte Wurzelwerk und ein rohes Ei dazugeben. Mit Salz und Pfeffer würzen und die Masse zu einer Farce kneten.
5. Das plattierte Kalbfleisch salzen, pfeffern und mit Schinken belegen.
6. Dann die Farce aufstreichen und die geviertelten hartgekochten Eier drauf verteilen. Das Fleisch zu einer Rolle formen und mit Küchengarn verschnüren.
7. Den Rollbraten von allen Seiten in Schmalz gut anbraten und in eine Bratform legen.
8. Die Tomaten und Schalotten grob zerkleinern und gemeinsam mit den Dosentomaten um den Braten herum verteilen und mit Rinderfond angießen.
9. Lorbeerblatt dazugeben und im vorgeheizten Backofen bei ca. 180° ca. 1 ½ Stunden garen, mehrmals mit Bratensaft begießen.
10. Nach dem Braten das Lorbeerblatt entfernen und die Tomatensauce pürieren, mit Salz, Pfeffer und Zucker abschmecken und mit Butter zu einer sämigen Sauce montieren.

Lammkronen mit Kräuterkruste

Mit Kartoffeln und Zucchini in dunkler Sauce

Zutaten für 4 Personen

- 2 Lammkronen à ca. 400 g
- 600 g Kartoffeln
- 1 kleine Zucchini
- 1 EL Honig
- 1 Knoblauchzehe
- 2 EL Kräuter: Thymian, Rosmarin, Petersilie, Liebstöckel, Salbei
- Gewürze: Salz, Pfeffer, Paprika, Kreuzkümmel, Baharat, Fenchel- und Koriandersamen
- 1-2 EL Olivenöl
- Rapsöl zum Anbraten
- 1 EL Butter
- Lauchringe zum Garnieren

für die Sauce

- 1 Schalotte
- 2 Knoblauchzehen
- Wurzelgemüse (½ Karotte, ½ gelbe Rübe, Sellerie)
- 1 TL Tomatenmark
- 2 TL Zucker
- Salz, Pfeffer
- Rapsöl zum Braten
- 2 EL kalte Butter
- 250 ml Lamm- oder Rinderjus
- 3 TL Sojasauce
- ½ l Rotwein
- 2 EL Whisky

Tipp:
Verwenden sie einen Kerntemperaturmesser.

Am besten schmecken Lammkronen, wenn sie innen zartrosa sind, das ist eine Kerntemperatur von 55°.

Zubereitung Sauce

1. Für die Sauce Schalotte, Knoblauch und Wurzelgemüse klein schneiden, in Butter anschwitzen, Zucker dazugeben und karamellisieren lassen.
2. Tomatenmark einmengen und stark anbraten.
3. Nun mit Whisky ablöschen, mit Rotwein und dem Lamm- oder Rinderjus angießen und ca. 30 Minuten kochend einreduzieren lassen.
4. Die Sauce abseihen, mit Sojasauce, Salz, Pfeffer und eventuell Zucker abschmecken.
5. Vor dem Anrichten die Sauce mit kalter Butter binden.

Zubereitung Lammkronen

1. Die Kartoffeln in Salzwasser kochen.
2. Die Kräuter klein hacken und mit den Gewürzen, etwas Olivenöl, Butter und Honig zu einer würzigen Paste mischen.
3. Lammkronen parieren (Fett und Sehnen entfernen), auch die Knochenenden sauber abziehen.
4. Die Fleischseite der Lammkronen mit der Hälfte der Kräuterpaste gut einreiben und im vorgeheizten Backofen oder Grill (250° bis 300°) von beiden Seiten kräftig anbraten.
5. Nun die Temperatur auf ca. 170° reduzieren.
6. Nach ca. 10 Minuten die restliche Paste auf das Fleisch auftragen und die Lammkronen auf eine Kerntemperatur von 55° braten.
7. In der Zwischenzeit die Kartoffeln schälen, vierteln und in Rapsöl anbraten.
8. Ist der Garpunkt der Lammkronen erreicht, die Temperatur wegnehmen und das Fleisch, mit Alufolie abgedeckt, im offenen Backofen oder am Rand des Grills etwas rasten lassen.
9. Die Zucchinischeiben kurz scharf anbraten.
10. Die Lammkronen zerteilen und gefällig auf einem Saucenspiegel mit den Kartoffeln und Zucchinischeiben anrichten, mit Lauchringen garnieren und genießen.

Spanische Spieße mit Tapas Pimientos und Papas Arrugadas Kartoffeln

Zutaten für 4 Personen

- 400 g gemischte Filetstücke vom Lamm, Schwein und Rind
- 10–15 kleine Kartoffeln
- 1 Chorizo (Spanische Wurst)
- 6 Scheiben geräucherter Schweinebauchspeck (ca. ½ cm dick geschnitten)
- 8 Pimientos (Minipaprika)
- je 1 roter und grüner Paprika
- 1 Zwiebel
- Rapsöl, Olivenöl zum Anbraten
- Salz (Flor de Sal), Pfeffer
- 200 g Meersalz für die Kartoffeln
- 1 Knoblauchzehe
- 2 Rosmarinzweige

Zubereitung

1. 200 g Meersalz im Wasser auflösen. Die Kartoffeln gründlich waschen und in einem Topf mit dem Salzwasser bedeckt, gar kochen.

2. Fleisch, Paprika, Wurst, Speck und Zwiebel in gleichmäßige Stücke schneiden und abwechselnd auf Spieße stecken (die Chorizo, je nach Schärfe, eher in dünnere Scheiben schneiden). Die fertigen Spieße salzen und pfeffern.

3. Ist der Garpunkt der Kartoffeln erreicht, das Wasser abgießen und die Kartoffel im leeren Topf wieder kurz auf die heiße Herdplatte stellen. So lange belassen, bis das Restwasser auf den Kartoffeln verdampft ist und eine Salzkruste zurückbleibt.

4. Die Pimientos in einer Pfanne von allen Seiten in reichlich Olivenöl gut anbraten (aber nicht frittieren). Dabei darauf achten, dass das Öl nicht zu heiß wird. Die Pimientos sind fertig, wenn auf der Haut Blasen entstehen.

5. Die Kartoffeln in der Mitte teilen und separat in einer Pfanne auf der Schnittfläche anbraten.

6. Zur selben Zeit in einer weiteren Pfanne die Spieße in Rapsöl von allen Seiten anbraten.

7. Sind die Kartoffeln gebräunt, eine Knoblauchzehe hinenpressen und den klein gehackten Rosmarin untermischen, mit den Spießen und Pimientos vereinen.

Nun alle Tapas auf einer Platte anrichten und dazu einen kräftigen spanischen Rotwein servieren.

Tipp:
Wer Iberico-Schweinefilets bekommt und diese zart rosa brät, schwebt beim Verkosten im 7. spanischen Himmel.
Das mit feinen Fettadern durchzogene Fleisch steht bei Grillprofis ganz oben auf der Liste.

Tapas Espanolas

Diese Tapas-Spieße sind der richtige Snack für einen gemütlichen Abend. Die Spanier zelebrieren diese Lebenskultur - essen, trinken, sich unterhalten und das Leben genießen.

Peka - Kroatisches Traditionsgericht

Fleisch und Gemüse vereinen sich zum vollendenten Genuss

Zutaten für 4 Personen

- 500 g gemischte Fleischsorten (Lamm- oder Ziegenschlögel, Schweineschopfbraten)
- 300 g Gemüse (Wurzelgemüse, Zucchini, verschiedenfärbige Paprika, Tomaten, Zwiebel, Knoblauch)
- 200 g Bauchspeck
- 100 g Butter
- 1/16 l Olivenöl
- 2 scharfe Würste
- eventuell Hühnerkeulen
- 500 g Kartoffeln
- Gewürze: Salz, Pfeffer, Paprikapulver, Kümmel
- 4 EL Kräuter: Thymian, Rosmarin
- ⅛ l Rotwein

Tipp:
Peka kann auch mit Oktopus zubereitet werden. Dieser sollte vorher tiefgefroren gewesen sein, dann wird er zarter. Die Zubereitung ist die gleiche, allerdings ohne Fleisch und Speck.

Zubereitung

1. Das Fleisch ein bis zwei Tage vorher mit den Gewürzen und Kräutern trocken beizen.
   So wird die Trockenbeize gemacht: Pfeffer, etwas Knoblauch, Paprikapulver, frischen Thymian und Rosmarin (kein Salz) gut vermischen. Das Fleisch im Ganzen damit einreiben und in einem gut verschließbaren Behälter ein bis zwei Tage in den Kühlschrank geben. Vorsicht: sind Knochen am Fleisch, gut kühlen und nur einen Tag beizen.

2. Speck, Würste, Paprika, Sellerie, Karotten und Kartoffeln in gefällige Stücke schneiden und vermengen, kräftig salzen, pfeffern und in den Schmortopf geben.

3. Nun die Butter in Stücke schneiden und im Topf verteilen, mit Olivenöl beträufeln und mit Rotwein aufgießen.

4. Das Fleisch ausreichend salzen und auf das Gemüse legen.

5. Nun den Deckel aufsetzen und bei 200° in den Backofen schieben. Nach ca. einer halben Stunde die Hitze auf 150° reduzieren. Nun auch die gut gewürzten Hühnerkeulen ergänzen.

6. Nach 1 ½ Stunden den Topf öffnen, um den Garpunkt des Fleisches zu prüfen, denn je nach Größe der Stücke variiert die Garzeit.

7. Nun die Zucchini und Tomaten dazugegeben. Wenn nötig mit einem Schuss Wein oder Wasser aufgießen.

8. Den Topf wieder verschließen und je nach Garpunkt des Fleisches weitere 30 Minuten garen.
   Vor dem Servieren frische Kräuter drüberstreuen.

Spargel mit Prosciutto

Mit Salzkartoffeln und Gorgonzolakäsesauce

Zutaten für 2 Personen

- 8-10 weiße Spargelstangen je nach Größe
- 8 mittlere Kartoffeln (festkochend)
- 8-10 Prosciutto di Parma Scheiben
- 50 g Gorgonzolakäse
- 100 g Creme fraiche
- Olivenöl zum Anbraten
- Salz, Pfeffer, Zucker
- Frühlingszwiebel und rosa Beerenpfeffer zum Garnieren

Zubereitung

1. Spargel schälen, je 1 TL Salz und Zucker in kochendes Wasser geben und den Spargel darin ca. 10 Minuten ziehen lassen (nicht mehr kochen!).

2. In einem Topf den Käse und Creme fraiche erwärmen bis eine sämige Sauce entsteht, abschmecken.

3. Ist der Spargel gar, diesen mit Prosciuttoscheiben umwickeln und in Olivenöl kurz von allen Seiten anbraten.

4. Die geschälten und in Salzwasser gekochten Kartoffeln in Spalten schneiden, in Butter schwenken und salzen.

5. Den Spargel auf den Salzkartoffeln anrichten und die Sauce darüber gießen.

6. Mit Lauchzwiebelringen und Beerenpfeffer garnieren.

Kunstwerke dieser Welt (Mallorca)

Saftig grüne Wiesen und Berge, die mystisch und gigantisch gleichermaßen erscheinen. Endloses Meer, zerklüftete Küsten und Wälder, deren Duft betörend ist.

Häfen, so melancholisch und geschäftig,
Kirchen, Schlösser und Burgen, Städte, die uns anziehen.

Auf unseren Reisen bietet uns die Welt eine Vielzahl an Bildern, mehr noch, es sind Gemälde, wie sie schöner in keiner Galerie zu finden sind.

Wer mit offenen Augen die Welt betrachtet, die Natur und ihre einzigartigen Spielformen bewusst zu sehen versucht, dem werden wahre Kunstwerke geboten.

Kunstwerke für alle Sinne: Sehen – Hören – Riechen – Schmecken – Fühlen ....

39°45'56.1"N
002°42'33.4"E

Quiche Lorraine

Französische Spezialität aus Lothringen

Zutaten für die Füllung
- 200 g Bacon Lorraine (mürber Bauchspeck)
- 1 Zwiebel
- 2-3 Lauchzwiebeln
- 200 g Creme fraiche
- 100 g Sahne
- Salz, Pfeffer, eine Prise Muskat
- 2 Eier
- 2-3 Tomaten
- Olivenöl zum Anbraten
- geriebener Käse zum Gratinieren (z.B. Bergkäse)

Zutaten für den Teig
- 220 g Weizenmehl
- 120 g Butter (zerteilen und auf Eiswürfel legen)
- 2-3 EL Wasser (kalt)
- 1 Prise Salz
- 1 Ei
- (500 g Linsen oder Bohnen zum Beschweren des Teiges)

Tipp:
Dieses Gericht eignet sich auch für ein buntes Allerlei aus dem Kühlschrank.
Oft gibt's Reste, die zu verbrauchen sind. Einfach alles klein schneiden und eine Quiche Surprise zubereiten.

Zubereitung

1. Für den Teig das Mehl auf ein großes Brett geben und in der Mitte eine Mulde bilden.
2. Die eiskalte Butter, das Ei und Salz in die Mulde geben und alles gut verkneten. Wenn nötig etwas Wasser zugeben und einen geschmeidigen Teig kneten.
3. Anschließend mit Frischhaltefolie abdecken und ca. 30 Minuten im Kühlschrank ruhen lassen.
4. Den Teig auf einer bemehlten Fläche in Größe der Backform ausrollen und in die befettete Form geben, an den Rändern hochziehen, etwas festdrücken und mit einer Gabel mehrmals anstechen.
5. Nun den Teig mit Backpapier abdecken und beschweren, indem man ca. 500 g Linsen oder Bohnen darauf verteilt. Dies soll verhindern, dass der Teig während des Backvorganges Blasen schlägt.
6. Den Teig ca. 10 Minuten bei 180° vorbacken und danach abkühlen lassen. (Die Beschwerung aus Linsen oder Bohnen samt Backpapier wieder entfernen).
7. Währenddessen die Zwiebel fein hacken und in Olivenöl leicht anbräunen lassen.
8. Die Lauchzwiebeln in feine Ringe schneiden, ca. 2 EL davon zur Seite geben und später zum Garnieren verwenden. Den Speck in kleine Würfel schneiden.
9. Nun die Sahne mit den Eiern und Creme fraiche glatt rühren, Speck, Zwiebel und Lauch unterheben. Mit Salz, Pfeffer und Muskat abschmecken.
10. Die Masse auf dem ausgekühlten Teigboden verteilen und mit Tomatenscheiben belegen.
11. Zum Schluss den Käse darüberstreuen und nochmals bei 180° ca. 40 Minuten in den Backofen schieben.
12. Die fertige Quiche Lorraine mit Lauchringen bestreuen und servieren. Dazu passt gut ein halbtrockener Weißwein.

Melanzani-Zucchini Moussaka

Griechenlands Lasagne mit viel Gemüse

Zutaten für 4 Personen

- 1 Melanzani
- 1 mittlere Zucchini
- 250 g Kartoffeln festkochend
- 250 g Lamm/Rinder Hackfleisch
- ½ Zwiebel
- 2 Knoblauchzehen fein gehackt
- 100 g frische Tomaten
- 250 g Tomaten aus der Dose
- 3 EL Tomatenmark
- Bechamel:
  - 3 EL Butter
  - 4 EL Mehl
  - 600 ml Milch
  - 1 Ei
- 100 g Parmesan oder Bergkäse
- Rapsöl, Olivenöl
- Salz, Pfeffer, Zucker, Kreuzkümmel
- 2 EL frische Kräuter: Rosmarin, Thymian, Salbei (fein gehackt)

Rene Wunderl in der Schiffskombüse: „Es muss nicht immer nur Fleisch sein, Gerichte mit viel Gemüse können auch herzhaft schmecken und halten die Mannschaft fit.“

Zubereitung

1. Die Kartoffeln in Salzwasser kochen, schälen und in Scheiben schneiden.
2. Die Melanzani und die Zucchini in Scheiben schneiden und beidseits in Rapsöl kurz scharf anbraten, auf ein Küchenpapier legen, damit das überschüssige Fett aufgesaugt wird.
3. Die Tomaten klein würfelig schneiden.
4. Gehackte Zwiebel, Knoblauch und Tomatenmark in einem Topf mit erhitztem Rapsöl scharf anbraten. Hackfleisch dazugeben und weitere 5 Minuten braten.
5. Nun die frischen Tomaten und die Dosentomaten dazugeben und ca. 20 Minuten köcheln lassen.
6. Mit Salz, Pfeffer, Zucker und Kreuzkümmel abschmecken. Die frischen Kräuter einrühren und die Sauce von der Hitze nehmen.
7. Für die Bechamel die Butter in einem Topf erhitzen, das Mehl einrühren und die kalte Milch zugeben, mit dem Schneebesen kräftig rühren bis eine glatte Sauce entsteht. Salzen, pfeffern und abkühlen lassen.
8. Das Ei verquirlen und mit der Hälfte vom Käse in die abgekühlte Bechamel einrühren.
9. Eine feuerfeste Form mit Rapsöl einfetten, die Hälfte der Tomaten/Hackfleischsauce eingießen.
10. Die Kartoffel-, Melanzani- und Zucchinischeiben abwechselnd darauf schichten (siehe Foto). Dazwischen immer wieder Tomaten/Hackfleischsauce und Bechamelsauce auftragen.
11. Mit der restlichen Bechamelsauce abschließen und mit Käse bestreuen.
12. Im vorgeheizten Backrohr bei 200° ca. 30 Minuten goldbraun überbacken.
13. Vor dem Servieren mit Olivenöl beträufeln.

Maqluba – Palästina

Spezialität aus dem Nahen Osten

Zutaten
für 4 Personen
- 300 g Basmati Reis
- 500 g Hühnerkeulenfleisch
- Röschen von 1 Blumenkohl
- 2 große Tomaten
- 1 große Melanzani
- 1 Zwiebel
- 5 Knoblauchzehen
- 1 Lorbeerblatt
- 2 EL Pinienkerne
- 1 l Hühnerfond (oder Gemüsefond)
- Rapsöl zum Anbraten
- Salz, Pfeffer, Kurkuma, Piment, Baharat, Zatar Gewürzmischung
- Petersilie zum Bestreuen

Tipp:
Maqluba bedeutet - auf den Kopf gestellt - und so wird es auch gemacht. Sollte dieser Vorgang nicht ganz perfekt gelingen, macht das nichts, denn auch die „verunglückte" Maqluba schmeckt hervorragend.

Zubereitung

1. Die Melanzani in Scheiben schneiden, beidseits kräftig salzen und ca. 30 Minuten Wasser ziehen lassen, mit Küchenpapier mehrmals abtupfen.

2. Den Reis in ein Sieb geben und mit kaltem Wasser spülen und 25 Minuten quellen lassen.

3. Die Pinienkerne in einer Pfanne ohne Fett kurz anrösten.

4. Den Hühnerfond mit dem Lorbeerblatt zum Kochen bringen.

5. Das Hühnerfleisch waschen, vom Knochen schneiden und in gefällige Stücke zerteilen.

6. Das Fleisch ca.15 Minuten im Fond bei mäßiger Hitze vorgaren.
   Danach herausnehmen und zur Seite stellen. Das Lorbeerblatt aus dem Fond entfernen und kräftig mit Kurkuma, Piment, Baharat, Zatar sowie Salz und Pfeffer würzen (kann leicht überwürzt werden), die Pinienkerne dazugeben.

7. Tomaten in Scheiben schneiden, das Salz mit einem flachen Messer von den Melanzanischeiben schaben.

8. Zuerst die Blumenkohlröschen in Rapsöl goldbraun rösten, dann die Tomaten und die Melanzani mit den Zwiebeln und Knoblauch kurz scharf anbraten.

9. Nun benötigt man einen Topf mit einem Durchmesser von ca. 22-25 cm und einer maximalen Höhe von 15 cm. Optimal ist ein Topf, der zum Boden hin gerundet ist.

10. Einen Bogen Backpapier in Wasser einweichen, damit er geschmeidig wird. Nun den Topf damit bis über den Rand auskleiden.

11. Zuerst den Boden und die Seiten des Topfes mit den Tomaten- und Melanzanischeiben auslegen. Die Blumenkohlröschen und Hühnerstücke darauf schichten. Nun den Reis abseihen und in die Mitte des Topfes geben. Wichtig ist, dass der Reis leicht angedrückt wird.

12. Den Hühnerfond über den Reis gießen, dieser sollte komplett bedeckt sein.

13. Nun erhitzen bis der Fond kocht, nicht umrühren, mit dem Deckel verschließen und die Hitze minimieren, ca. 30 Minuten auf niedriger Stufe dünsten lassen.

14. Danach den Deckel abnehmen, die Maqluba mit einem Küchentuch abdecken und wieder mit dem Deckel verschließen. Nun 15 Minuten ohne Hitzezufuhr ruhen lassen.

15. Vor dem Servieren Deckel und Tuch abnehmen, eine Anrichteplatte umgedreht auf den Topf legen und die Maqluba wenden - auf den Kopf stellen. Das Backpapier vorsichtig entfernen und mit Petersilie bestreuen.

Damascus
(Syrien)
Fein geschmückt ist der Wagen dieses Händlers, der seine grünen Feigen in der Nähe des Souq Al Hamidiya feil bietet.

33°30'41.9"N
036°18'24.1"E

Falafel, der Snack aus Beirut

Streetfood aus dem Nahen Osten und Vorderasien

Zutaten
für 4 Personen
- 200 g grüne Sojabohnen
- 120 g Kichererbsenmehl oder Kichererbsen
- 3 Schalotten oder Frühlingszwiebeln
- 3-4 Knoblauchzehen
- 1 ½ TL Salz
- Pfeffer, Kreuzkümmel, Koriandersamen gemahlen, Chilipulver nach Geschmack
- frische Kräuter: 1 EL Petersilie, 1 TL Koriander
- ½ Pkg Backpulver
- Brösel (Paniermehl) zum Wälzen
- Rapsöl zum Frittieren
- Blattsalat
- 2 Tomaten
- 250 ml Joghurt
- Knoblauchsalz oder Hummus

Zubereitung

1. Verwendet man getrocknete Kichererbsen, müssen diese am Vortag in Wasser eingeweicht werden. Das Wasser mehrmals wechseln.

2. Kichererbsen vor der Verarbeitung abtropfen lassen und in der Küchenmaschine mit den grünen Bohnen, Schalotten, Knoblauch und Backpulver zu einer kompakten, klebrigen Masse verarbeiten. Je nach Konsistenz eventuell etwas Wasser oder noch Kichererbsenmehl zugeben.

3. Die Masse mit den Gewürzen und Kräutern abschmecken und Kugeln mit ca. 3 cm Durchmesser formen, in den Bröseln (Paniermehl) wälzen und in heißem Öl frittieren.

4. Noch warm mit einem Dip aus Joghurt mit Knoblauchsalz (oder Hummus) und Salat servieren.

Tipp:
Auf den Straßen Beiruts werden Falafel auch im Döner angeboten. Einfach alles in ein Döner Fladenbrot füllen, Joghurtsauce oben drauf - schmeckt herrlich.

31°46'40.9"N
035°14'07.5"E

Jerusalem

Was haben diese Stadt und ihre Menschen schon alles erlebt und durchgemacht. Umso erstaunlicher ist es mitzuerleben, welche Lebenslust und Freude in ihren Straßen herrscht.

Wer in die heilige Stadt reist und sich ohne Vorurteile auf die Kulturen und Einflüsse einlässt, wird überrascht sein.

Die Bauwerke, die Kultur und ihre Geschichte, aber auch die vielen Gerüche von den Speisen des Orients, katapultieren dich in eine völlig andere Welt.

Diese Stadt und ihre Menschen sind absolut eine Reise wert.

Shakshuka á la Jerusalem

Ursprünglich aus Nordafrika nun im Nahen Osten Tradition

Zutaten für 2 Personen

- Fruchtfleisch von 4 großen Tomaten
- 2 Tomaten aus der Dosen
- 3 TL Tomatenmark
- 1-2 TL Harissa (je nach Schärfewunsch)
- 2 TL Ajvar
- 3 Knoblauchzehen fein gehackt
- rote Paprikaschoten von 2 Paprika fein gewürfelt
- Salz, Pfeffer, ½ TL Kreuzkümmel gemahlen, 1 TL Zatar, 1 TL Zucker
- 1/16 l Weißwein zum Ablöschen
- 3 Eier
- frischer Koriander und Limetten zum Garnieren

Tipp:
Versuchen Sie eigene Varianten z.B. mit Ziegenkäse und Oliven

Zubereitung

1. Die Paprikawürfel in Rapsöl scharf anbraten, bis diese leichte Röstaromen entwickeln.

2. Knoblauch, Tomatenmark, Zucker, Harissa, Ajvar, Kreuzkümmel und Zatar dazugeben und kurz weiterbraten, dann mit Weißwein ablöschen.

3. Nun die frischen Tomatenstücke und Dosentomaten dazugeben und ca. 15 Minuten unter mehrmaligem Umrühren zu einer groben Sauce einkochen lassen.

4. Bevor man das Gericht mit den Eiern finalisiert, mit Salz und Pfeffer abschmecken bzw. je nach Wunsch mit Harissa nachschärfen.

5. Die Eier vorsichtig trennen, die Dotter sollen ganz bleiben.

6. Mit einem Esslöffel drei Mulden in die Sauce drücken. Zuerst das Eiklar einfließen lassen und sofort mit einer Gabel ein wenig an den Rändern in die Sauce ziehen, danach die Dotter in die Mitte der Mulde setzen, die Pfanne mit einem Deckel abdecken und ca. 3 Minuten ziehen lassen, bis das Eigelb etwas stockt, aber innen noch flüssig ist.

7. Mit Koriander bestreuen und Limetten garnieren. Dazu Weißbrot reichen.

Marokkanisches Tajine Hühnchen

Mit Couscous und Ratatouille

Zutaten für 2 Personen

- 2 Maishühnchen Oberkeulen

Zutaten Paste

- 4 Knoblauchzehen fein gehackt
- 1 TL Ras el Hanout Gewürzmischung
- 1 TL Harissa Paste
- Salz, Pfeffer
- 1 TL Honig
- 2 TL Olivenöl

Zutaten Ratatouille

- 1 Melanzani
- 2 kleine Zucchini
- 1 Pkg Wurzelgemüse
- Fruchtfleisch von 3 geschälten Tomaten
- ½ Zwiebel
- 1 EL Tomatenmark
- ½ Zwiebel fein gehackt
- 2 Knoblauchzehen fein geschnitten
- 1 TL Zucker
- 1 TL Balsamico Essig
- 3 EL Portwein
- 1 TL Zimt gemahlen, 1 Stk Sternanis, Piment
- Olivenöl zum Anbraten
- 2 EL Kräuter: Petersilie, Thymian gehackt
- 50 g Butter
- 1 TL Salz, 1 Prise Pfeffer
- 150 g Couscous
- 150 ml Wasser

Zubereitung

1. Für das Ratatouille die Melanzani, Zucchini, Wurzelgemüse, Tomaten und halbe Zwiebel würfelig schneiden und bereitstellen.

2. Nun in einer erhitzten Pfanne Zimt, Sternanis und Piment ohne Öl kurz anrösten, bis sich die Aromen entfalten. Wieder aus der Pfanne nehmen.

3. Knoblauch, Zwiebel und Tomatenmark in Olivenöl scharf anbraten, Zucker zugeben und karamellisieren, mit Essig und Portwein ablöschen.

4. Nun das vorbereitete Gemüse und die gerösteten Gewürze dazugeben und gut verrühren. Mit Salz, Pfeffer und Zucker abschmecken, alles in die Tajine geben und abdecken. Je nach Gebrauchsanweisung in die Aussparung am Deckel Wasser füllen. Ca. 30 Minuten bei kleiner Flamme köcheln lassen.

5. Die angegebenen Zutaten für die Paste mischen und die Hühnerkeulen gut damit einreiben.

6. Die Keulen von allen Seiten gut anbraten und nach den 30 Minuten auf das Gemüse in die Tajine legen, abdecken und weitere 20 Minuten bei niedriger Hitze köcheln lassen.

7. Nun den Couscous zubereiten. Hierfür den Couscous in kochendes Wasser einrühren, von der Hitze nehmen und abdecken. 5 Minuten ziehen lassen, danach salzen und die Butter einrühren. Um den Couscous rot zu färben, kann Tomatenmark oder Paprikapulver ins Wasser gemischt werden.

8. Nach der Garzeit die Tajine öffnen, die Kräuter drüber streuen und gemeinsam mit dem Couscous servieren.

Tipp:
Sie können dieses Gericht auch mit anderen Hühnerteilen oder nur mit Gemüse zubereiten.

Hühnerkeulenpfanne mit Polenta

Mit Artischocken, Kapern und Oliven

Zutaten Polenta für 4 Personen

- 250 g Maisgrieß
- 1 l Wasser
- 1 TL Salz

Zutaten Hühnerpfanne für 4 Personen

- 4 Hühnerflügel
- 4 Hühneroberkeulen
- 4 Hühnerunterkeulen
- 2 EL Tomatenmark
- 2 Schalotten
- 3 Knoblauchzehen
- 1 Dose Artischockenherzen
- Salz, Pfeffer, Paprikapulver edelsüß
- 50 g Butter
- 1 EL Balsamico
- 1 TL Kapern
- 10 Oliven grün und schwarz gemischt
- ⅛ l Rotwein
- Rapsöl zum Anbraten
- 1 Lorbeerblatt
- 2 EL Kräuter: Rosmarin, Thymian, Salbei

Zubereitung Polenta

1. Wasser zum Kochen bringen, salzen und den Maisgrieß unter ständigem Rühren einrieseln lassen. 10 Minuten kochen bis ein dicker Brei entsteht.
2. Polenta von der Hitze nehmen und nochmals 15 Minuten ziehen lassen.
3. Die Masse ca. 2 cm hoch auf ein gut befettetes Backblech streichen und im vorgeheizten Ofen bei 180° 10 – 15 Minuten backen.
4. Anschließend die Polenta auf ein Küchenbrett stürzen, in beliebige Stücke schneiden und warm halten.

Zubereitung Hühnerpfanne

1. Die Hühnerteile unter fließendem Wasser gut abspülen, abtrocknen, mit Salz und Pfeffer würzen und von allen Seiten in Öl anbraten, danach beiseitestellen.
2. Nun die grob geschnittenen Schalotten und den Knoblauch mit dem Tomatenmark anschwitzen, 1 TL Paprikapulver zufügen und mit Balsamico und Rotwein ablöschen. Ca. 5 Minuten köcheln lassen, dann die Hitze reduzieren.
3. Kapern, Oliven, Artischockenherzen und die klein gehackten Kräuter dazugeben. Lorbeerblatt beifügen und alles gut vermengen, mit Salz und Pfeffer abschmecken.
4. Nun die angebratenen Hühnerteile in die Sauce legen und zugedeckt im Backofen bei 180° ca. 30 Minuten schmoren.
5. Vor dem Anrichten das Lorbeerblatt entfernen und den Bratensaft in kalter Butter binden, das Gericht mit Polentastücken ergänzen und mit der Pfanne servieren.

Chula Ebene (Israel)

Fruchtbares Land, gespeist vom Jordan. Jenem Fluss, der sein lebensspendendes Wasser in ein trockenes Land bringt. Er sucht sich seinen Weg vom Hermongebirge nach Galiläa und speist den See Genezareth. Weiter im Süden gibt er seine Kraft dem Jordantal bis er schließlich ins Tote Meer mündet.

33°08‘28.6"N
035°36‘44.3"E

Ricotta-Mangold-Parmesan Ravioli

Auf Erbsenpüree und Rettichsprossen

Zutaten
für 4 Personen

- 100 g Hartweizengrieß (Semola di Grano Duro)
- 100 g Weizenmehl (bevorzugt Typ 405)
- 1 Prise Salz, Pfeffer, Muskat
- 100 ml kaltes Wasser
- 1 Zwiebel
- 4 Knoblauchzehen fein gehackt
- 80 g Butter
- 80 ml Sahne
- 400 g Erbsen (tiefgekühlt)
- Bund Mini-Mangoldblätter
- 2 EL Pinienkerne
- 100 g Parmesan gerieben
- Weißwein zum Ablöschen
- Rettichsprossen, Radieschen zum Garnieren

Zubereitung

1. Auf einem Brett Mehl, Hartweizengrieß und eine Prise Salz gut vermengen und in der Mitte eine Mulde bilden.

2. Kaltes Wasser zugeben und einen geschmeidigen Teig kneten. Diesen in Frischhaltefolie einwickeln und 30 Minuten im Kühlschrank rasten lassen.

3. Die Erbsen in Salzwasser gar kochen.

4. Die Hälfte der Butter zerlassen und die halbe gehackte Zwiebel darin glasig dünsten, mit Weißwein ablöschen und die Hälfte der Sahne zugeben.

5. Nun die Erbsen abseihen, mit einem Stampfer oder einer Gabel grob zerdrücken und zu der Zwiebel-Sahnesauce geben. Anschließend alles fein passieren. salzen, pfeffern und so lange Sahne zugeben, bis ein cremiges Püree entsteht.

6. Für die Füllung der Ravioli die Pinienkerne in einer heißen Pfanne ohne Fett kurz anrösten und zur Seite stellen.

7. Die restliche Butter schmelzen, die übrige Zwiebel und den Knoblauch anbraten, die zerkleinerten Mangoldblätter dazugeben, kurz schwenken, bis diese zusammenfallen, danach von der Hitze nehmen.

8. Die Füllung mit Salz, Pfeffer und Muskat abschmecken, die Pinienkerne und den Parmesan dazugeben und gut durchmischen.

9. Den Teig auf einem bemehlten Brett dünn ausrollen oder eine Nudelmaschine verwenden. Nun Streifen mit ca. 15 cm Breite zurechtschneiden.

10. Mit einem Löffel die Füllung portionsweise, mit ausreichend Abstand, auf der oberen Hälfte des Teigstreifens platzieren. Die untere Hälfte nach oben klappen und die Ränder und Zwischenräume fest andrücken.

11. Mit einem Zick-Zack-Teigschneider die Ravioli schneiden und die Ränder nochmals zusammendrücken.

12. Die Teigtaschen nun in einem großen Topf im leicht wallendem Salzwasser 3-5 Minuten kochen, bis sie aufschwimmen.

13. Die fertigen Ravioli auf einem Erbsenpüreespiegel anrichten, mit Radieschenscheiben und Rettichsprossen garnieren.

Gnocchi mit Steinpilzsauce

Ein italienischer Genuss

Zutaten Gnocchi
für 4 Personen

- 1 kg Kartoffeln mehligkochend
- 100 g Mehl
- 100 g Hartweizengrieß
- 1Ei
- 1 Dotter
- 1 TL Salz
- 1 Prise Muskat

Zutaten Steinpilzsauce

- 3 mittelgroße Steinpilze
- ½ Zwiebel gehackt
- 2 Knoblauchzehen fein gehackt
- Olivenöl zum Anbraten
- 30 g Butter
- 80 g Creme fraiche
- Weißwein zum Ablöschen
- 2 EL Kräuter: Petersilie, Thymian, Rosmarin fein gehackt
- Salz, Pfeffer
- Parmesan zum Verfeinern

Zubereitung

1. Die Kartoffeln kochen und schälen, anschließend durch eine Kartoffelpresse drücken und etwas abkühlen lassen.

2. Mehl, Hartweizengrieß, Salz, eine Prise Muskat vermischen und mit den Kartoffeln und den Eiern zu einem geschmeidigen Teig verkneten. Eventuell noch etwas Mehl zugeben, wenn der Teig zu weich ist. Danach 30 Minuten im Kühlschrank rasten lassen.

3. Auf einer gut bemehlten Arbeitsfläche den Teig portionieren und daumendicke Stränge rollen. Davon mit einer Teigkarte 2 cm breite Stück abtrennen und mit den Zinken einer Gabel, durch eine Rollbewegung, die charakteristischen Gnocchi Streifen in die Teigstücke prägen. Die sollen bewirken, dass die Sauce besser haften bleibt.

4. Die Gnocchi in reichlich, wallendem Salzwasser kurz ziehen lassen, bis sie aufschwimmen. Dann mit einer Schaumkelle aus dem Wasser nehmen und zum Anrichten bereitstellen.

5. Die Steinpilze in gefällige Stücke schneiden und mit den Zwiebeln und dem Knoblauch in Olivenöl von allen Seiten kurz scharf anbraten, mit Weißwein ablöschen und etwas einreduzieren lassen.

6. Creme fraiche und Butter zugeben und zu einer feinen Sauce montieren. Zum Schluss die Kräuter hinzufügen und mit Salz und Pfeffer abschmecken.

7. Die Gnocchi in die heiße Steinpilzsauce geben, vorsichtig schwenken und etwas ziehen lassen. Vor dem Servieren Parmesan darüber hobeln.

Pasta Frutti di Mare

Der feine Geschmack des Mittelmeeres

Zutaten für 2 Personen

- 150 g Pasta Bavette n.13
- 300 g Meeresfrüchte nach Wahl (Scampi, Garnelen, Muscheln, Fischfiletstücke)
- 1 Schalotte fein gehackt
- 2 Knoblauchzehen fein gehackt
- 4 Cherrytomaten
- 250 ml Fischfond
- Saft einer ½ Zitrone
- 80 g Creme fraiche
- 2 EL Kräuter: Petersilie, Thymian, Salbei
- Olivenöl zum Anbraten
- 50 g Butter
- Salz, Pfeffer
- Weißwein halbtrocken zum Ablöschen

Tipp:
Wenn Sie die Möglichkeit haben, kaufen Sie Fisch und Meeresfrüchte direkt beim Fischhändler ein, dann ist die Frische garantiert.
Variieren Sie die Zutaten je nach Angebot.

Zubereitung

1. Die Pasta in Salzwasser al dente kochen.

2. Schalotte und Knoblauch in Olivenöl anschwitzen, mit Weißwein ablöschen und etwas Fischfond angießen. Die Muscheln dazugeben und zugedeckt bei moderater Hitze ca. 10 Minuten köcheln lassen.

3. In der Zwischenzeit zuerst die Meeresfrüchte in Olivenöl scharf anbraten, dann die Garnelen und Scampi hinzugeben und zum Schluss die Fischfiletstücke mitbraten.
   Mit etwas Fischfond und Zitronensaft aufgießen und von der Hitze nehmen.

4. Nun den Bratfond von den Muscheln und den Meeresfrüchten in einen Topf gießen, mit Salz und Pfeffer abschmecken, die Kräuter hinzufügen und mit Butter und Creme fraiche eindicken.

5. Alle Meeresfrüchte wieder in die Sauce mischen.

6. Die Tomaten vierteln und unterheben.

7. Die al dente gekochten Nudeln abseihen und vorsichtig unter die Sauce mischen.

Mit Ciabatta und Weißwein servieren.

Pasta con le Sarde

Das sardinische „Armeleuteessen“

Zubereitung

1. Das Fenchelgrün vom Fenchel abschneiden und zur Seite legen. Die Knolle vierteln, den Strunk herausschneiden und den Fenchel blättrig zerteilen, im Salzwasser ca. 10 Minuten kochen.

2. Den Fenchel wieder aus dem Wasser nehmen und die Bucatini darin al dente kochen.

3. Inzwischen die Safranfäden in etwas Lake der Anchovis auflösen.

4. Die gekochten Fenchelstücke und den Paprika in Streifen schneiden und im abgetropften Öl der Ölsardinen und Olivenöl bei mittlerer Hitze anbraten. Wenn der Fenchel weich ist, die Schalotten dazugeben und kurz mitdünsten. Mit Weißwein ablöschen und weiterköcheln lassen.

5. Die Pinienkerne ohne Öl goldbraun rösten, abkühlen lassen und grob hacken.

6. Nun das zerbröselte harte Weißbrot in Olivenöl anrösten, von der Hitze nehmen, Pinienkerne und Rosinen dazugeben, salzen und pfeffern.

7. Die Lake mit dem aufgelösten Safran zum gedünsteten Fenchel geben, die zerteilten Ölsardinen und Anchovis unterheben. Wenn nötig, Olivenöl und etwas Pastawasser dazugeben, sodass eine Sauce entsteht.

8. Die frischen, geputzten Sardinen salzen und pfeffern und von beiden Seiten anbraten.

9. Die Bucatini in die Sauce mischen und abschmecken. Die Pasta portionsweise auf den Tellern anrichten, die gerösteten Weißbrotbrösel mit den Pinienkernen und Rosinen darüberstreuen.

10. Je eine gebratene Sardine darauf platzieren, mit Fenchelgrün garnieren und mit Olivenöl beträufeln.

Zutaten für 2 Personen

- 150 g Bucatini
- 2 Schalotten fein gehackt
- 1 Dose Ölsardinen abgetropft und entgrätet (Öl aufheben)
- 2 frische Sardinen
- 2 Anchovis in Salzlake
- 1 EL Rosinen (oder gehackte getrocknete Datteln)
- einige Safranfäden
- ½ rote Spitzpaprikaschote
- 1 Fenchelknolle mit Fenchelgrün
- Weißwein zum Ablöschen
- 1 EL Pinienkerne
- hartes Weißbrot zerbröselt
- Salz, Pfeffer
- Olivenöl zum Anbraten

> **Tipp:**
> Verwenden Sie Jahrgangssardinen, die sind im Geschmack feiner und von bester Qualität.

Arco di San Felice (Italien)

Der Sage nach wurde dieses Tor, mit Blick auf den Torre San Felice, von Meeresnymphen zu Ehren Neptuns erschaffen.

41°49'70.3"N
016°11'72.7"E

Fischfilet mit Fenchelgemüse

Mit Kartoffeln und Zucchini

Zutaten für 2 Personen

- 200 g bzw. 2-4 Fischfilets (vom Wolfsbarsch, Goldbrasse oder Seeteufel)
- 1 Fenchelknolle mit Fenchelgrün
- 300 g Kartoffeln festkochend
- 1 Zucchini
- 3 Schalotten fein gehackt
- 2 Knoblauchzehen fein gehackt
- 2 EL Kräuter: Thymian, Rosmarin, Petersilie, Salbei fein gehackt
- 1 TL Zucker
- Salz, Pfeffer
- 1 Zitrone
- Olivenöl zum Anbraten
- 30 g Butter
- ¼ l Weißwein zum Ablöschen
- ¼ l kräftiger Fischfond
- 2 Cherrytomaten und Lauchringe zum Garnieren

Tipp:
Drücken Sie die Fischstücke beim Anbraten flächig in die heiße Pfanne, dann wird die Haut gleichmäßig knusprig und resch.

Zubereitung

1. Den Fenchel vierteln, den Strunk entfernen und in grobe Streifen schneiden. Die Zucchini in Stifte schneiden.

2. Die Kartoffeln in Salzwasser kochen, schälen und vierteln.

3. Die Fenchelstücke in Olivenöl mit etwas Zucker karamellisieren, die Schalotten und den Knoblauch dazugeben, kurz anbraten, mit Weißwein ablöschen und mit Fischfond aufgießen.

4. Butter und Zucchini dazugeben und ca. 5 Minuten dünsten, mit Salz und Pfeffer abschmecken, die fein gehackten Kräuter unterrühren.

5. Kartoffeln und Gemüse in eine feuerfeste Form geben, mit Zitronensaft und Olivenöl beträufeln und bei 250° Oberhitze für ca. 10 Minuten in den Backofen geben, bis die Kartoffeln Farbe nehmen.

6. Währenddessen die Fischfilets salzen und pfeffern und auf der Hautseite scharf anbraten. Ist die Haut knusprig, die Filets wenden, von der Hitze nehmen und einige Minuten nachgaren lassen.

7. Vor dem Servieren die Fischfilets auf dem Gemüse anrichten, mit Lauchringen, Fenchelgrün und Tomaten garnieren.

Korcula - Lastovo
(Kroatien)

Dieses Bild entstand bei der Überfahrt von der Insel Korcula, wo Marco Polo geboren worden sein soll, nach Lastovo.

Lastovo war lange Jahre militärisches Sperrgebiet. Dieser Umstand, die Abgeschiedenheit des Archipels und dessen Naturpark haben der Insel und ihren Bewohnern ein einzigartiges Flair erhalten.

42°49'10.5"N
016°55'55.5"E

Süßspeisen

Dolci

Desserts

Postres

Epidórpia

Desert

Tatlı

Hulwayat

Sorbeto Prosecco

Italiens verlässlicher Begleiter bei festlichen Menüs

Zutaten für 4 Personen

- 250 ml Wasser
- 5 unbehandelte Zitronen (Abrieb und Saft)
- 3 Eiklar
- 200 g Zucker
- Prosecco (Optional)
- Minze und Zitronenscheiben zum Garnieren

Tipp:
Das Sorbet wird in Italien bei mehrgängigen Menüs vor dem Fleischhauptgang serviert.

Zubereitung

1. Zucker und Wasser mit dem Abrieb der Zitronen zu Sirup kochen, indem man die Zuckerlösung unter ständigem Rühren solange erhitzt, bis eine völlig klare Flüssigkeit entsteht. Ist dies erreicht, den Sirup abseihen und abkühlen lassen.

2. Den Zitronensaft in den kalten Sirup mischen und in den Gefrierschrank stellen.

3. Wichtig ist, dass das Sorbet alle 30 Minuten kräftig aufgerührt wird, damit keine größeren Eisklumpen entstehen.

4. Das Eiklar steif schlagen.

5. Hat das Sorbet eine cremige Konsistenz erreicht, den Eischnee unterheben und weiter, unter zwischenzeitlichem Aufrühren, gefrieren lassen.

6. Ist nach insgesamt ca. 3-4 Stunden die gewünschte Konsistenz des Sorbets erreicht, mit einem Eisportionierer Kugeln ausstechen und in einer Sektschale mit Prosecco anrichten. Mit Minzeblatt und Zitronenscheibe garnieren.

Sonne

Sonne, ohne dich gäbe es kein fröhlich‘ Leben,
Sonne, ohne dich kein funkelnd‘ Farbenspiel,
Sonne, du Mutter von allem was wir sehen,
Sonne, du tausend Sinne Licht.

Wenn du am Abend von uns gehst,
bist sanft und lieblich,
zeigst uns dein weiches Gesicht.
Und in Wahrheit sehen wir alltäglich
wie es wäre ohne Licht.

Sonne komm bald wieder….
….und küsse mich!

41°49‘70.3"N
016°11‘72.7"E

Früchte - Couscous

Leichtes, fruchtiges Expressdessert

Zutaten für 4 Personen

- 100 g Couscous
- 120 ml Apfelsaft
- 1 TL Honig
- Zucker
- ½ Zimtstange
- 20 g Butter
- Früchte wie Apfel, Birne, Trauben, Granatapfel
- 1 Glas Kirschkonfitüre
- Abrieb von 1 unbehandelten Zitrone
- 100 g Topfen (Quark)
- 100 g Joghurt
- Feigen und Minze zum Garnieren

Tipp:
Diese Süßspeise eignet sich besonders als Sommerdessert. Ergänzen Sie die Früchte nach Belieben.

Zubereitung

1. Apfel und Birne in kleine Würfel schneiden, einen Teil für die Dekoration zur Seite stellen.

2. Aus dem Granatapfel die Kerne herauslösen und die Trauben halbieren, auch hier ebenfalls einen Teil für die Dekoration bereitstellen.

3. Apfel- und Birnenstücke in Apfelsaft mit der ½ Zimtstange kurz dünsten und mit Honig süßen.

4. Die Zimtstange entfernen, den heißen Apfelsaft mitsamt den Früchten über den Couscous leeren und vermengen. Die Butter zufügen, abdecken und 10 Minuten ziehen lassen.

5. Topfen und Joghurt vermengen, Zitronenabrieb einrühren und mit Zucker nach Wunsch süßen.

6. Granatapfelkerne und Trauben unter den Couscous heben.

7. Den Früchtecouscous abwechselnd mit Kirschkonfitüre und Joghurt-Topfen-Masse in ein Glas schichten und mit Früchten beliebig dekorieren. Vor dem Servieren kalt stellen.

Segelboot

Wohin fährst du, du bunt leuchtend‘ Segelboot,
wohin geht die Reise?

Segeln wir in die weite Welt hinaus?
Ich bin so aufgeregt, buntes Segelboot,
nun sag's schon,
wohin bringst du uns nunmehr?

Aber nein, halte ein, sag es nicht
und nimm mich einfach mit.
Egal wohin der Wind uns tragen mag,
überrasche mich jeden neuen Tag.

Zitronentarte

Süße Verführung mit dem Duft Siziliens

Zutaten Mürbteig
- 2 Eidotter
- 25 ml kaltes Wasser
- 210 g glattes Mehl
- 1 Vanilleschote oder
  1 Pkg Vanillezucker
- 100 g Staubzucker (Puderzucker)
- 130 g Butter (Zimmertemperatur)
- 1 Prise Salz

Zutaten Füllung
- 3 Eidotter
- 3 ganze Eier
- 180 g Staubzucker
- Abrieb von 1½ Zitronen unbehandelt
- Saft von 2 Zitronen
- 2 cl Limoncelli (Zitronenlikör)
- 150 g Butter (Zimmertemperatur)
- 100 g Creme fraiche

Zutaten Baiserschaum
- 2 Eiklar
- 140 g Staubzucker
- 1 Prise Salz
- 3 EL Mandelblättchen

Zubereitung Mürbteig

1. Die Eidotter mit dem Wasser verrühren.

2. Die Vanilleschote der Länge nach halbieren, das Mark mit einem Messer herausschaben (oder Vanillezucker) und gut in die Dotter-Wassermischung einrühren.

3. Mehl, Zucker und eine Prise Salz vermengen, die Butter zugeben und zerbröseln, die Eidottermischung einkneten, bis ein geschmeidiger Teig entsteht.

4. Die Teigkugel in Frischhaltefolie einpacken und eine halbe Stunde im Kühlschrank rasten lassen.

5. Eine Tarte-Form mit Butter einfetten und bemehlen.

6. Den Teig auf einem gut bemehlten Küchenbrett zur passenden Größe ausrollen und die Form damit auskleiden (am Rand hochziehen).

7. Der Teigrand soll mindestens 2 cm hoch sein, damit dann die Füllung nicht ausfließt.

8. Den Teigboden mit einer Gabel mehrmals anstechen. Nun die Form mitsamt dem Mürbteig für 20 Minuten in den Gefrierschrank stellen.

9. Den Backofen auf 200° Heißluft vorheizen. Danach die Hitze auf 180° reduzieren und den Teigboden ca. 25 Minuten goldbraun backen.

Tipp:
Mit Puderzucker bestreuen und mit Espresso oder einem Glas Prosecco servieren.

Zubereitung Füllung

1. Eier, Zucker, Zitronensaft und –abrieb, Likör sowie Creme fraiche verrühren und bei mäßiger Hitze erwärmen (nicht kochen!).

2. Die Butter einrühren und mit dem Schneebesen so lange schlagen, bis die Masse cremig wird.

3. Danach sofort von der Herdplatte nehmen und durch ein Sieb streichen. Die noch heiße Masse gleichmäßig auf dem Mürbteigboden verteilen, abkühlen lassen und 2 Stunden im Kühlschrank kalt stellen.

Zubereitung Baiserschaum

1. Das Eiklar mit einer Prise Salz steif schlagen.

2. Den Zucker unter ständigem Rühren einrieseln lassen und weiterschlagen, bis eine seidige, feste Masse entsteht.

3. Den Eischneeschaum auf die Tarte streichen und mit der Rundung eines Esslöffels Spitzen hochziehen, Mandelblättchen drüberstreuen.

4. Den Backofengrill auf 250° vorheizen und die Tarte unter Beobachtung so lange übergrillen, bis sich die Spitzen des Baiserschaums braun färben. Vorsicht, das dauert nur wenige Minuten.

5. Die fertige Tarte abkühlen lassen und kalt stellen.

Apfel - Karamell - Tiramisu

Der Klassiker in fruchtiger Variante

Zutaten für 6 Personen

- 3 halbsüße Äpfel
- 250 ml Cider (Apfelschaumwein)
- 100 ml Milch
- 5-8 Karamell-Toffees (oder Karamellsauce)
- 3 EL Rum
- 4 Eier
- 80 g Staubzucker
- 300 g Mascarpone
- 200 g Topfen (Quark)
- 40 Biskotten (Löffelbiskuits)
- Kakaopulver zum Bestreuen
- Beeren, Minzeblätter zum Garnieren

Zubereitung

1. Äpfel schälen und in kleine Würfel schneiden.
2. Apfelstücke in Cider dünsten (sollen noch Biss haben).
3. Die Flüssigkeit abseihen und die Äpfel abkühlen lassen.
4. Die Milch erhitzen, Rum zugeben und die Karamell - Toffees darin schmelzen, ebenfalls abkühlen lassen.
5. Die Eier trennen und das Eiklar steif schlagen.
6. Die Dotter mit dem Zucker schaumig rühren, Mascarpone und Topfen einrühren, die Apfelwürfel und den Schnee unterheben.
7. Die Biskotten einzeln kurz in die Milch-Karamellsauce tunken und nun abwechselnd je eine Lage Biskotten und Creme in eine Form schichten. Mit Creme abschließen und mit Kakaopulver bestreuen.
8. Das Tiramisu mindestens 3 Stunden im Kühlschrank kalt stellen.
9. Vor dem Servieren mit Beeren Ihrer Wahl und Minzeblättern garnieren.

Profiterole, mediterrane Sehnsucht

Buon dolce grande bellissimo

Zutaten Brandteig
für 4 Personen

- 125 ml Wasser
- 3 Eier
- 110 g Mehl
- 70 g Butter
- 1 Prise Salz
- etwas Milch

Zutaten Cremefüllung

- 500 ml Schlagobers
- 250 ml Milch
- 120 g Staubzucker (Puderzucker)
- 50 g Maisstärke
- 4 Eidotter
- 1 Vanilleschote
- 150 g Kochschokolade
- 20 g Kakaopulver
- 50 ml Amaretto oder Rum
- Kakaopulver zum Bestreuen

Zubereitung Brandteig

1. Wasser, Butter mit einer Prise Salz erhitzen.

2. Unter kräftigem Rühren das Mehl untermischen und so lange rühren, bis sich der Teig vom Boden und den Seiten des Topfes löst und eine glatte Teigmasse entsteht (Vorsicht, den Teig nicht anbrennen!).

3. Den Topf von der Hitze nehmen und kräftig weiterrühren. Den Teig in eine Rührschüssel geben und unter ständigem Rühren gut abkühlen lassen (es kann auch eine Küchenmaschine verwendet werden).

4. Nun die Eier verquirlen und nach und nach in die Masse einarbeiten. Es soll ein schöner geschmeidiger, aber dennoch kompakter Teig entstehen, der mit dem Spritzsack verarbeitet werden kann. Wenn notwendig, die Masse mit ein wenig Milch verdünnen.

5. Den Backofen auf 200° vorheizen.

6. Die Masse nun in einen Spritzsack füllen und Kügelchen mit 2-3 cm Durchmesser auf ein mit Backpapier belegtes Backblech spritzen. Ca. 5 cm Abstand lassen.

7. Nun mit einem befeuchteten Finger die Teigoberflächen glätten, damit möglichst runde Kugeln entstehen.

8. Das Blech in den heißen Backofen schieben und 15 Minuten backen. Die Hitze auf 160° reduzieren und weitere 10-15 Minuten backen.

9. Die Profiterole sind fertig, wenn sie schön goldbraun und „federleicht" sind.

Zubereitung Füllung

1. 125 ml Sahne und die Milch erhitzen, das Mark der Vanilleschote ausschaben und mitsamt der Schote in den Topf geben, ca. 15 Minuten ziehen lassen (nicht kochen!), immer wieder umrühren.

2. Die Schokolade im Wasserbad schmelzen.

3. Die Vanilleschote aus der Milch nehmen. Maisstärke in etwas kalter Milch auflösen und dazugeben. Unter Rühren kurz aufkochen lassen, dann die Hitze reduzieren.

4. Mit dem Schneebesen die Eidotter und den Zucker schaumig rühren und in die Milch-Sahne-Mischung einmengen, von der Hitze nehmen.

5. Unter Rühren abkühlen lassen.

6. Für die Schokocreme zwei Drittel der Masse mit der geschmolzenen Schokolade, dem Kakaopulver und dem Amaretto vermischen.

7. Beide Cremen mit Frischhaltefolie abdecken. Die Folie soll auf der Creme aufliegen, so kann sich keine Haut bilden. Für 2 Stunden kalt stellen.

8. Die restliche Sahne steif schlagen, die Hälfte davon in die helle Creme einheben. Die andere Hälfte beiseitestellen und dann zum fertigen Dessert reichen.

9. Die helle Creme in einen Spritzsack (oder Garnierspritze) füllen. Die Brandteigkugeln auf der Unterseite anstechen, füllen und auf dem Servierteller aufschichten.

10. Nun die geschichteten, gefüllten Kugeln komplett mit der dunklen Creme bedecken und mit Kakaopulver bestreuen.

11. Nun nochmals 2 Stunden im Kühlschrank kalt stellen. Vor dem Servieren erneut mit Kakao bestreuen und mit Sahne anrichten.

Cantuccini

Das Mandelgebäck zum Vin Santo oder zum Espresso

Zutaten für ca. 70 Stück

- 200 g Mandelsplitter
- 3 Eier
- 250 g Staubzucker (Puderzucker)
- 3 Pkg Vanillezucker
- ½ Pkg Backpulver
- 400 g Mehl
- 30 g Butter
- Abrieb 1 unbeh. Zitrone
- 1 Prise Salz

Tipp:
Dieses harte Gebäck wird in Italien traditionell in Vin Santo getunkt oder zum Espresso gereicht.

Zubereitung

1. Mandelsplitter kurz ohne Öl anrösten, abkühlen lassen.
2. Die Eier trennen.
3. Die Dotter mit Zucker und Vanillezucker schaumig rühren, Zitronenabrieb einmengen.
4. Das Eiklar mit einer Prise Salz steif schlagen und vorsichtig unter die Dottermasse heben.
5. Mehl und Backpulver vermengen, durch ein Sieb schütteln und die Butterstücke einarbeiten.
6. Nun die Eidottermasse, das Mehl und die Mandelsplitter zu einem kompakten Teig verkneten (bei Bedarf noch Mehl zugeben).
7. Backrohr auf 180° Heißluft vorheizen.
8. Aus dem Teig 4 cm breite und 2 cm hohe Teigstangen formen und auf ein befettetes und bemehltes Backblech legen. Im Backofen ca. 30 Minuten goldgelb backen.
9. WICHTIG: Die Cantuccini noch heiß in schräge Stücke schneiden, da diese nach dem Abkühlen beim Schneiden brechen würden.
10. Nach dem Abkühlen in einer luftdichten Dose aufbewahren, dann bleibt das Gebäck hart und knusprig.

MURRIETA
Sensual
Sensual

Crema Catalana - Orange

Ein krönender Abschluss

Zutaten für 4 Personen

- 500 ml Milch
- 6 Eidotter
- Abrieb von 2 großen unbehandelten Orangen
- 1 Zimtstange
- 100 g Staubzucker
- 40 g Maisstärke
- 30 g Butter
- brauner Zucker zum Bestreuen

Tipp:
Versuchen Sie auch die Crème Brûlée, hierfür anstatt Orangen und Zimt, Vanille verwenden.

Zubereitung

1. Ca. 2/3 der Milch mit dem Abrieb einer der beiden Orangen und der Zimtstange langsam zum Kochen bringen.
2. Von der Hitze nehmen, abseihen und abkühlen lassen.
3. Zucker und Eidotter schaumig rühren.
4. Nun die Maisstärke in der restlichen kalten Milch glatt rühren und in die abgekühlte Milch-Orangen-Zimt Mischung einmengen.
5. Die Milchmischung nun vorsichtig mit einem Schneebesen in die Eidottermasse einrühren.
6. Nun die Masse unter ständigem Rühren auf kleiner Flamme cremig schlagen. ACHTUNG nicht kochen lassen!
7. Danach in kleine, flache Tassen abfüllen.
8. Die Tassen im Wasserbad bei 125° im Backrohr ca. 30 Minuten ziehen lassen, bis sich eine Haut bildet.
9. Danach die Creme kalt stellen.
10. Vor dem Servieren mit braunem Zucker bestreuen. Diesen mit einem Brenner karamellisieren (oder bei 250° 3 Minuten im Backofen übergrillen) und abschließend Orangenabrieb darüber raspeln.

Die Abendsonne kommt vor dem Hunger

Am Mittelmeer gibt's eine Regel:
„Die Abendsonne kommt vor dem Hunger."
Reisende in dieser Region sollten diese Regel beherzigen, denn oft kommt das Leben auf den Straßen und in den Restaurants erst nach Sonnenuntergang so richtig in Schwung. Nicht selten gehen Einheimische erst spät abends zu Tisch und zelebrieren ihr Abendmenü oft bis in die Nacht hinein.

Inhaltsverzeichnis Fortlaufend

Inhaltsverzeichnis Alphabetisch

by Rene Wunderl – Sailproject, Warth NÖ
sailproject@aon.at Tel.: +43 676-3366966
ISBN: 978-3-9519871-0-1

Rezepte: Rene Wunderl
Beschreibungen & Essays: Rene Wunderl
Lektorat: Veronika Wunderl
Fotos und grafische Gestaltung: Rene Wunderl
Druck: druck.at

druck at
Drucken Sie auf Nummer sicher.

Notizen und eigene Rezeptergänzungen: